_____ 님께 드립니다.

_____년 _____월 _____일

_____

관점을 바꾸는 심리학

생각의 각도

심리학 박사 **이민규** 지음

끌리는책

생각의 각도

초판 1쇄 발행 2021년 3월 12일
초판 8쇄 발행 2024년 5월 27일

지은이 · 이민규

펴낸이 · 김찬희
펴낸곳 · 끌리는책

출판등록 신고번호 · 제25100 -2017-000032호
주소 · 서울시 구로구 연동로 11길 9, 202호
전화 · 영업부 (02) 335 -6936 / 편집부 (02) 2060 -5821
팩스 · (02) 335 -0550

ISBN 979-11-87059-65-3 03190
값 15,800원

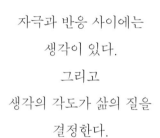

자극과 반응 사이에는
생각이 있다.
그리고
생각의 각도가 삶의 질을
결정한다.

1도만 바꾸면 딴 세상이 열린다

> 사람은
> 자기가 마음먹은 만큼만 행복하다.
> _에이브러햄 링컨

사실 이 책을 쓰게 된 계기가 있다. 딸이 어느 날 좋아하는 사람이 생겼다고 했고, 한참 시간이 지난 후 그 사람과 결혼을 하고 싶다고 했다. 딸이 살아가면서 겪게 될 여러 가지 문제들에 대한 답을 찾는 과정에서 시행착오를 줄여주고, 더 행복하고 성공적인 삶을 살 수 있도록 도와주고 싶었다. 그래서 딸에게 해주고 싶은 이야기를 정리하기 시작했다.

이야기가 하나둘 늘어가면서 고민이 시작되었다. 이 많은 이야기를 언제 다 해준단 말인가. 바쁜 딸이 내 이야기를 끝까지 다 들어줄 수도 없을 것 같았다. 그래서 시간 날 때마다 펼쳐 읽을 수 있게 책으로 엮어주기로 했다. 딸에게 해주고 싶은 이야기를 정리하면서 수시로 나 자신에게 질문했다. '행복하고 성공적인 삶으로 통하는 문을 여는 핵심 열쇠는 무엇일까?' 이런 고민을 하던 어느 날, 딸에게 해주고 싶은 모든 이야기를 관통하는 단어 하나를 찾았다. 그건 바로 '생각' 이었다.

자신에 대한 생각, 가족을 포함한 다른 사람들에 대한 생각 그리고 해야 할 일과 삶에 대한 생각의 각도가 인생의 행불행을 결정하고 비즈니스의 성패를 좌우한다. 그래서 책 제목을 '생각의 각도'로 정하고, '1부: 자신을 사랑하기' '2부: 더불어 살아가기' '3부: 인생을 향유하기'로 구성했다.

자극과 반응 사이에 생각이 있다

사람들은 왜 비슷한 상황에서도 다르게 느끼고, 다르게 행동하면서 다른 인생을 살아가는 것일까? 그것은 생각, 즉 상황이나 자극에 대한 해석이 다르기 때문이다. 생각을 바꾸면 감정과 행동이 달라지고, 감정과 행동이 바뀌면 인생이 달라진다. 그러므로 인생을 바꾸고 싶다면 생각을 바꿔야 한다.

박테리아에서부터 인간에 이르기까지 모든 생물체는 자극의 영향을 받는다. 하지만 인간은 다른 생물체들과 다른 점 한 가지가 있다. 자극에 대한 해석과 반응을 선택할 수 있는 자유가 있다는 것이다. 그래서 똑같은 상황인데도 사람마다 다른 태도와 다른 행동을 보이고 다른 삶을 살아간다. 상황이나 자극은 우리 마음대로 선택할 수 없지만, 자극에 대한 생각은 마음만 먹으면 얼마든지 바꿀 수 있다.

'키가 작고 못생겼으니 열등감을 느낄 수밖에 없다', '친구가 약속을 지키지 않으면 당연히 화가 난다', '일이 늘어나면 누구나 짜증이 난다'. 이처럼 어떤 자극(S: Stimulus)을 받으면 어떤 반응(R: Response)이 일어나는 것이 당연하다고 생각하는 사람들이 많다. 자극에 따라 반응이 결정되는 자동화된 S-R 반사회로가 작동되기 때문이다. 이런 반사적인 행동은 생각(T: Thinking)이 끼어들 공간이 없다. 그래서 반사적이고 충동적인 반응을 '생각 없는 행동'이라고 한다.

하지만 자극과 반응 사이를 가만히 들여다보면 거기에는 틈이 있다. 반응이 너무 빨리 일어나서 그 공간을 미처 의식하지 못할 뿐, 자극과 반응 사이에는 반드시 공간이 있다. 그리고 그 공간에는 자극을 해석하고 반응을 선택하는 생각이 있다. 그 공간의 크기와 그 안에서 일어나는 생각의 각도가 삶의 질을 좌우하고 우리의 운명을 결정한다.

똑같은 자극을 받더라도 생각의 각도가 긍정적이면 긍정적인 반응이 일어나고 부정적이면 부정적인 반응이 일어난다. 자극에 휘둘리지 않고, 반응을 자유롭게 선택하는 주도적인 삶을 살고 싶다면 'S-R 반사회로'를, 'S-T-R 생각회로'로 전환해야 한다.

친구가 늦었을 때 짜증이 나는 것은 우리가 의식하지는 못해도 '친구의 지각'이라는 자극을 '나를 무시하기 때문'이라고 부정적으로 해석(생각)하기 때문이다. 그런 자극 상황에서도 '뭔가 사연이 있겠지'라고 생각의 각도를 살짝 틀어보면 우리는 짜증을 내는 대신 평온한 마음으로 '기다리는 동안 책이라도 읽자'는 긍정적인 반응을 선택할 수 있다.

운전 중에 갑자기 끼어드는 차량을 만나면 반사적으로 경적을 울리면서 화를 내는 경우도 자세히 살펴보면 자극과 반응 사이의 공간에 '저게 사람을 뭘로 보고…'라는 생각이 들어 있다. 이 생각을 '급한 일이 있나 보다'라고 생각의 각도를 조금만 바꾸게 되면, 운전 시비나 보복운전으로 인한 끔찍한 사건에 휘말리지 않고 평화로운 마음으로 가던 길을 갈 수 있다.

작은 차이로 인생이 달라진다

실패를 겪은 후의 반응도 제각각이다. 어떤 사람은 '그러면 그렇지'

하면서 자학하지만, 어떤 사람은 '그만하면 잘했어' 하고 스스로를 격려하면서 다음 기회를 준비한다. 똑같이 실연을 당하고도 어떤 사람은 폐인이 되고, 어떤 사람은 시인이 된다. 비가 오면 어떤 사람은 기분이 처진다고 짜증내지만, 어떤 사람은 낭만적이라면서 콧노래를 흥얼거린다.

어떤 사람은 열등한데도 열등감을 느끼지 않고, 어떤 사람은 열등하지 않은데도 열등감을 느낀다. 99개를 갖고 있으면서도 한 개가 부족하다고 투덜거리면서 불행하게 살아가는 사람이 있는가 하면, 한 개밖에 없는데도 그나마 없는 것보다 낫다면서 감사하는 마음으로 행복하게 살아가는 사람도 있다.

행복한 사람과 불행한 사람은 세 가지 측면에서 생각이 다르다. 첫째, 자기 자신(1부). 둘째, 다른 사람(2부). 셋째, 일과 삶(3부). 삶의 질을 높이고 인생을 바꾸고 싶다면 이 세 가지에 대한 생각의 각도를 바꿔야 한다. 이 책은 우리 인생에서 가장 중요한 이 세 가지 측면에 대한 생각의 각도를 효과적으로 바꿀 수 있는 방법들을 소개한다.

생각의 각도에 따라 실패한 자기 자신을 무가치하게 여길 수도 있고 따뜻하게 격려해줄 수도 있다. 마음에 들지 않는 사람을 대할 때 짜증을 낼 수도 있고, 너그러운 태도를 보일 수도 있다. 똑같은 일을 하면서도 먹고살기 위해 어쩔 수 없이 해야 하는 노동이라고 생각하면서 지겹게 할 수도 있고, 무슨 일을 하건 의미를 부여하면서 놀이처럼 즐겁게 할 수도 있다. 그래서 똑같은 처지에서도 어떤 사람은 불안, 우울, 불평, 분노로 가득 찬 삶을 살고, 어떤 사람은 느긋하고 활기차면서 행복하고 평화로운 삶을 살아간다.

지금보다 더 나은 삶을 살고 싶다면 생각의 각도를 바꿔야 한다. 하지만 중요한 것은 지금까지의 삶이 기대와는 정반대로 전개되고 있다고 해도 생각의 각도를 180도 바꿀 필요는 없다는 점이다. 오히려 1도만 바꿔도 충분한 경우가 훨씬 더 많다.

고속도로에서 운전할 때 핸들을 살짝만 틀어도 자동차는 완전히 다른 방향으로 질주한다. 사격할 때 조준 각도가 정조준에서 1°만 틀어져도 탄착지점은 표적에서 완전히 빗나간다. 실제로 20m 공기총 사격에서 조준 각도가 0.87도만 어긋나면, 탄착지점은 표적의 정중앙에서 표적 밖으로 완전히 빗나가버린다.

마찬가지로 자기 자신이 못마땅할 때, 주변 사람들이 마음에 들지 않을 때, 세상이 내 뜻대로 돌아가지 않을 때, 생각의 핸들을 긍정적인 방향으로 조금만 틀어주면 우리의 삶은 이전과 완전히 다른 방향으로 나아가게 된다. 그리고 그 작은 차이들이 시간이 지나면서 점차

증폭되어 우리 자신도 예상하지 못한 나비효과를 만들어낸다.

생각도 일종의 기술이다

상담을 하다 보면 '생각은 저절로 떠오르는 것이고 어쩔 수 없는 것'이라고 말하는 사람이 많다. 하지만 그건 틀린 생각이다. 생각도 습관이기 때문에 자동적으로 떠오른다고 느껴질 뿐, 저절로 떠오르는 것이 아니다. 생각은 우리가 선택하는 것이고, 배우고 연습하면 누구나 개선하고 발전시킬 수 있는 일종의 기술(Skill)이다.

왜 자전거를 타지 못하고 운전을 하지 못할까? 배우지 않고, 연습하지 않았기 때문이다. 마찬가지로 비생산적이고 부정적인 생각을 한다는 것은 우리가 아직 생산적이고 긍정적인 생각을 할 수 있는 효과적인 방법을 배우고 연습하지 못했기 때문이다. 자전거를 타고, 운전할 줄 아는 사람이라면 생각의 기술도 얼마든지 배우고 익힐 수 있다.

어떻게 하면 생각의 각도를 지혜롭게 조절할 수 있을까? 세 가지 단계만 거치면 된다. 첫째, 간간이 멈추고 생각할 시간을 갖는다. 둘째, 자극과 반응 사이의 공간에 존재하는 부정적인 생각을 찾아낸다. 셋째, 생각의 각도를 바꿔 긍정적인 생각으로 대체한다.

더 나은 삶을 살고 싶다면 무엇보다 먼저 자신의 생각을 유심히 살펴보는 연습을 해야 한다. 그래야 자극에 휘둘리지 않고 자신의 반응을 다스릴 수 있다. 실존주의 심리치료자 롤로 메이는 이렇게 말했다. "진정한 자유는 자극과 반응 사이에서 잠깐 멈추는 것에서 나온다. 그래야 우리가 원하는 반응을 선택할 수 있다."

간간이 하던 일을 멈추고 생각할 시간을 가져보라. 그리고 이렇게 자문하라. '이 생각을 선택하면 어떤 일이 일어날까? 그리고 그 일은 어디로 이어질까?' 그런 다음 원하지 않는 결과가 떠오른다면 생각의 각도를 1°만 바꿔보라. 자기 자신과 타인 그리고 하고 있는 일과 삶에 대한 생각의 각도가 달라지면 우리의 감정과 행동이 달라지고, 감정과 행동이 달라지면 우리의 인생과 운명이 달라진다.

저자 이민규

차례

3부 인생을 향유하기

1부

자신을 사랑하기

자신을 사랑하지 못하면
그 누구도 진정으로 사랑할 수 없다

산소마스크는 나부터

비상시
산소마스크와 구명조끼는 반드시
본인이 먼저 착용하십시오.
그런 다음
도움이 필요한
어린이나 노약자를
도와주십시오.

나는 비행기를 탈 때마다 중요한 삶의 진리 한 가지를 확인한다.
비행기가 이륙하기 직전, 승무원들은 승객들에게
비상사태가 발생하면 산소마스크와 구명조끼는 반드시
자신이 먼저 쓰고 그다음에 도움이 필요한 옆 사람을 도와주라고
안내한다. 내가 숨 쉴 수 없다면 그 누구도 도와줄 수 없기 때문이다.
무슨 일을 하든 자신에 대한 사랑을 잊어서는 안 된다.

내가 나를 사랑하고, 내가 행복해야 다른 사람을 진정으로

사랑하고 행복하게 해줄 수 있다.

내 마음의 곳간이 차고 넘쳐야
다른 사람에게도 흘러들어갈 수 있다.
자녀(가족)를 행복하게 해주려면
부모가(본인이) 먼저 행복해야 한다.
진정한 사랑은 모두 '나'로부터 시작되기 때문이다.

> 가족을 위해 해줄 수 있는 최고의 선물은
> 자기 자신을 좋아하고 스스로를
> 가치 있는 사람이라고 생각하는 것이다.
> _ 브라이언 트레이시

말은 생각을 바꾸고, 생각은 태도를 바꾼다. 자신에 대한 태도를 바꾸는 가장 좋은 방법은 자신에게 확신을 갖고 선언(Affirmation: 긍정적 확언)을 하는 것이다.

다음의 확언들을 참고해서 자기사랑을 키울 수 있는 나만의 확언을 작성하자. 미소를 짓고 거울 속 자신의 눈을 바라보면서 결심하자. 혼자 있을 때는 큰 소리로 선언하자.

⊕ 자기사랑을 키울 수 있는 확언

1. 나는 오늘 하루도 기쁘고 감사한 마음으로 시작한다.
2. 나는 날마다 점점 더 성장하고 좋아지고 있다.
3. 나는 조건 없이 있는 그대로의 나를 좋아하고 사랑한다.
4. 나는 내 안의 부족한 점도 자비롭게 받아들이고 이해한다.
5. 나는 내 몸의 모든 부분을 소중하게 여기고 보살핀다.
6. 나는 누가 뭐래도 가치 있고 사랑스러운 존재다.
7. 나는 어떤 상황에서도 나 자신을 믿고 지지한다.
8. 나는 긍정적인 사람이고 내 운명은 내가 선택한다.
9. 나는 _____
10. 나는 _____

 오늘 나 자신을 칭찬해주고 싶은 일 한 가지는 무엇인가?

가장 귀한 것은 언제?

귀한 그릇
값비싼 양주
왜 그렇게 아끼는 것일까?
현재보다 미래의 행복이 더 중요하다고 믿기 때문이다.
하지만
현재를 즐기지 못하는 사람은
그 미래가 현재가 되어도 즐기지 못한다.
그러니 미루지 말고 지금 즐기자.
석인성시(惜吝成屎),
惜(아낄 석) 吝(아낄 린) 成(이룰 성) 屎(똥 시)
아끼고 아끼다 X된다.

"제일 값비싼 그릇(양주)은 언제 쓰실(마실) 건가요?"
상담할 때 이런 질문을 하면 대부분은 나중에 귀한 손님이 올 때
쓰려고 아껴둔다고 말한다.
많은 사람들이 평소에는 저렴한 신발에, 허름한 옷을 입고,

싸구려 그릇을 사용하면서, 값싼 술만 마신다.

그런데
죽은 사람의 물건을 정리해주는 유품정리사들의 말에 따르면,
사람들은 대개 제일 좋은 것은 써보지도 못한 채 죽는다고 한다.
그렇게 안 좋은 것만 쓰고, 안 좋은 것만 먹다 죽으면
우리 인생은 안 좋은 것으로 가득 채워진 채 끝이 난다.
물건이나 음식만 그럴까?
아니다.
생각이나 말도 그렇다.

평소 안 좋은 생각과 안 좋은 말만 하다가
생의 마지막 순간에 후회하는 사람이 많다.
귀하고 좋은 것,
너무 아끼지 말고 지금 쓰고, 지금 하자.

> 승자는 달리는 순간에 이미 행복하다.
> 그러나 패자의 행복은 경주가 끝나봐야 결정된다.
>
> _탈무드

⊕ 지금 하십시오

할 일이 생각나거든 지금 하십시오.
오늘은 맑지만 내일은 구름이 낄지도 모릅니다.

친절한 말 한마디가 생각나거든 지금 말하십시오.
사랑하는 사람이 언제까지나 곁에 있지는 않습니다.

사랑의 말이 있다면 지금 하십시오.
사랑하는 사람이 당신 곁을 떠날 수 있습니다.

미소를 지으려면 지금 웃어주십시오.
당신이 주저하는 사이에 친구들이 떠날 수 있습니다.

불러야 할 노래가 있다면 지금 부르십시오.
노래 부르기엔 이미 늦을 수 있습니다.

_찰스 H. 스펄전

 미루지 말고 나를 위해 오늘 해야 할 일 한 가지를
찾아본다면 그건 무엇일까?

사람들은 나에게 관심 없다

참고는 하자.
그러나 다른 사람들의 말에 너무 휘둘리지는 말자.
남들의 평가에 연연하지도 말자.
모든 사람이 나에게 관심 갖기를
바라지도 말자.
남에게 해가 되지 않는 일이라면
남의 눈치 너무 보지 말고
하고 싶은 대로 하자.
그리고 자신의 선택에
책임을 지자.

인생사 괴로움의 대부분은 타인의 말과 평가 때문에 생긴다.
인정받고 사랑받고 싶은 것이 인간의 본성이기 때문이다.
하지만 세상 사람들은 생각만큼 우리에게 별로 관심이 없다.
우리가 다른 사람들에게 별로 관심이 없는 것처럼….

언젠가 동료 교수 한 명이 남들의 평가나 시선으로부터 자유로워
질 수 있는 비결을 묻기에 이렇게 대답했다.
"사람들은 생각만큼 우리에게 관심이 없다는 것을 받아들이고,
자신의 선택에 책임을 지고 욕먹을 각오를 하면 됩니다."

> 마음의 평정을 향한 첫걸음은
> '다른 사람들이 나를 어떻게 생각할까'에 대한
> 생각을 떨쳐버리는 것이다.
> _ 디오게네스

별로 중요하지도 않은 사람들이 우리에게 보이는
별로 진지하지도 않은 평가나 시선에 신경 쓰면서
다른 데 써야 할 중요한 시간과 에너지를 낭비하지 말자.

인정과 사랑을 받는 데 초연하고 혼자서도 얼마든지 잘 지낼 수
있다고 생각하면 우리는 지금보다 훨씬 더 자유로운 삶을 살 수
있다.
자신을 사랑하는 사람은 남들의 평가로부터 자유로울 수 있고,
자존감이 높은 사람은 남들의 시선에 연연하지 않는다.
사람들은 누구나 자신이 세상의 중심에 있다고 생각한다.
그래서 마치 무대 중앙의 주인공에게 스포트라이트가 집중되고
관객들이 주인공의 행동 하나하나를 뚫어지게 주시하듯이 다른

사람들이 자기만을 바라볼 거라 생각한다.

이런 착각현상을 심리학에서는 **스포트라이트 효과**(Spotlight Effect)라고 부른다.

코넬대 토머스 길로비치(T. Gilovich) 교수는 세상 사람들은 우리가 생각하는 것만큼 우리에게 관심이 없다는 사실을 간단한 실험으로 증명했다.

그는 실험 참가자들에게 오래된 가수의 얼굴이 크게 그려진 우스꽝스러운 티셔츠를 입게 한 후, 주변 사람들이 그 티셔츠에 그려진 가수를 얼마나 기억할지 추측하게 했다.

자료 분석 결과, 50% 정도가 기억할 것이라고 추측했다.

하지만 실제로 티셔츠 속 가수를 기억한 사람은 10~25%에 불과했다.

다른 사람들이 자신의 실수나 창피한 순간을 주목하고 있을 것이라고 착각하는 스포트라이트 효과는 불안 수준이 높거나 자존감이 낮은 사람에게 더 크게 나타난다.

 다른 사람들의 말과 평가에 초연해서
좀 더 자유롭게 해보고 싶은 일은 무엇인가?

세상에서 가장 쓸모 있는 말

난 정해진 한계를
뛰어넘게 하고 싶었어.
세상에서 가장 쓸데없는 말이
'그만하면 잘했어(Good job!)'야! _영화 〈위플래쉬〉

하지만
나는 이 세상에서 가장 쓸모 있는 말이
'그만하면 잘했어'라고
생각한다.

영화 〈위플래쉬〉에서 플레처 교수는 제자를 최고의 연주자로
만들기 위해 "세상에서 가장 쓸데없는 말이 '그만하면 잘했어'야"
라고 채찍질(whiplash)을 한다.

'그만하면 잘했다'고 생각하면서 안주하면 자신의 한계를
뛰어넘을 수 없기 때문이다.

물론 제자에 대한 깊은 애정에서 나온 말이다.

하지만 나는 세상에서 가장 쓸모 있는 말이
'그만하면 잘했어'라고 생각한다.
자신에게도 타인에게도 '잘했어!'라는 말만큼 힘과 용기를 주는
말도 없기 때문이다.

최선을 다했는데도 한계를 넘지 못할 때가 있다.
그럴 때는 '그만하면 잘했다'고 자신의 노고를 인정하고
스스로 격려하자.
그래야 다시 도전할 수 있는 힘을 얻게 된다.

고개를 들어라.
각도가 곧 태도이다.
_ 프랭크 시나트라

나태주 시인의 시 〈내가 나를 칭찬함〉에는 이런 구절이 있다.

오늘도 흰 구름을 나는
흰 구름이 아니라고 억지로

우기지 않았음
오늘도 풀꽃을 만나 나는
너를 알지 못한다
얼굴 돌려 외면하지 않았음
이것이 오늘 내가 나를 진정
칭찬해주고 싶은 항목임

찾아보면 '그만하면 잘했다'고 칭찬할 수 있는 일이 얼마든지
있다. 더 잘해야 한다고 너무 자신을 채찍질하지 말자.
지금까지 잘하고 있는 모습을 찾아 따뜻한 마음으로 격려하자.
어떤 사람을 바꾸는 데는 '그 정도밖에 못해?'라는 채찍질보다
'그만하면 잘했다'라는 격려가 훨씬 더 큰 영향을 미치며 깊은
울림을 준다.
그건 자기 자신을 바꿀 때도 마찬가지다.

 요즘 '이 정도면 잘하고 있다'고 생각하는 일은 무엇인가?

대충 넘어갈 줄도 알아야

뭐든
너무 완벽하려고 하면
오히려 완벽과 더욱더 멀어진다.
쉽게 지치고 앞으로 나가지 못하기 때문이다.
지나치게 잘하려고 해서
오히려 더 이상 잘할 수 없는 것을
완벽의 마비(Paralysis of Perfection)라고 한다.
아주 뛰어나지 못해도 그 일 자체를 즐기고
과정을 즐기다 보면 조금씩 나아진다.
무슨 일을 하든 이루고자 하는 마음을 갖되
완벽을 추구하지는 말자.

완벽을 추구해야 더 나아질 수 있다.
하지만 매사에 너무 완벽하려고 하지 말자.
오래 버티지 못한다.
너무 다그치면서 자책하지 말자.

금방 지친다.
완벽주의자는 자신뿐 아니라 다른 사람도 지치게 한다.

완벽주의자는 손님을 초대할 때도 지나치게 완벽하게
준비하려고 하기 때문에 손님이 오기도 전에 진이 빠진다.
그들은 작은 결점도 용납하지 못한다.
논문을 쓸 때도 거의 모든 시간을 참고자료를 찾는 데 쓰고,
산더미 같은 자료들을 뒤지느라 녹초가 된다.

완벽을 추구하는 한 마음의 평안은 결코 얻을 수 없다.
_레프 톨스토이

평화로운 마음을 유지하면서 지치지 않는 힘으로 끝까지 가려면
기준을 조금 낮추고 대충 넘어갈 줄도 알아야 한다.
조금 모자라고 서툴러도 자신을 소중하게 여기자.
나를 사랑한다는 것은 나 자신의 불완전함을 인정하고 마음에
드는 나뿐 아니라 마음에 들지 않는 나도 받아들이며,
강점뿐 아니라 약점도 인정하는 것이다.

아마존의 어느 원주민 부족은 목걸이를 만들 때 일부러 흠집 난
구슬 한 개씩을 끼워 넣는다. 이 구슬을 '영혼의 구슬(Soul Bead)'

이라고 부른다.

영혼을 지닌 어떤 존재도 완벽할 수 없다고 믿기 때문이다.

고대 페르시아의 카펫 직조공들 역시 아름다운 문양으로
섬세하게 짠 카펫에 의도적으로 흠을 하나 남겨놓았다.
오직 신만이 완벽하며, 인간은 불완전한 존재라고 믿기 때문이다.
이것을 '페르시아의 흠(Persian Flaw)'이라고 한다.

이 두 가지 이야기는 더 완벽한 행복과 더 완전한 삶에 집착하는
우리에게 '불완전함이야말로 지극히 인간적인 것이니 완벽함을
추구하려고 전전긍긍하지 말고 불완전함을 평화롭게
받아들이라'는 가르침을 준다.
자신과 다른 사람에게 너그러운 이는 완벽을 추구하지 않는다.
불완전하다고 비난하거나 질책하지도 않는다.

 완벽을 추구하기보다 적당한 선에서 매듭지을 필요가 있는
일은 무엇인가?

칭찬보다 더 효과적인 것

누군가를 변화시키는 데
격려만큼 좋은 것은 없다.
자기 자신을 변화시킬 때도
마찬가지다.
그리고
가장 지속적이고 강력한 효과를
발휘하는 격려는
자기 자신에게 하는
자기격려다.

칭찬(잘했을 때의)은 대단한 효과가 있다.
그러나 격려(실패하거나 실수를 했을 때도)는 더욱더 대단한
효과가 있다.
처참한 기분이 들 때 친구의 진심 어린 격려 한마디가
희망의 싹을 틔워주는 단비가 된다.
포기하고 싶을 때 가족이 건넨 격려 한마디는 어둠에서

탈출할 수 있는 한 줄기 빛이 된다.
절망에 빠졌을 때 들리는 선생님의 따뜻한 격려 한마디가
한 사람의 인생 행로를 바꾼다.

그러나
친한 친구도, 사랑하는 부모님도, 존경하는 선생님도,
늘 우리 곁에 있을 수는 없다.
죽을 때까지 우리 곁에서 우리를 지켜줄 수 있는
유일한 사람은 우리 자신이다.
필요할 때 언제든 우리를 격려해줄 가장 확실한 사람도 바로
우리 자신이다.
우리의 영혼은 다른 사람이 아닌 우리 자신의 위로와 격려를
받을 때 가장 큰 힘을 얻는다.

> 내면에 숨어 있는 잠재능력을 끌어내 실현할 수 있는 동력 중
> 가장 강력하고 지속적인 힘을 발휘하는 것은 자기격려다.
> _ 이민규

가장 효과적인 자기격려는 꿈을 이룬 미래의 자신이
현재의 자신에게 해주는 격려다.

세 단계를 거치면 된다.

첫째, 노력하는데도 아직까지 성과가 없는 일이나 중도에
포기하고 싶어지는 일 한 가지를 찾아본다.
포기하고 싶게 만드는 장애물은 무엇인가?

둘째, 타임머신을 타고 미래로 날아간 것처럼 10년 혹은 20년 후,
꿈을 이루어 행복하게 살고 있는 자신의 최고 모습을
상상해보라.
그리고 꿈을 이루기 위해 거쳐왔던 과정을 그려보라.

셋째, 미래의 관점에서 현재의 나를 바라보라.
지금 겪고 있는 문제와 그 문제를 포기하지 않고 극복할 수 있는
해결책을 찾아보라.
그런 다음에는 현재의 내가 다시 도전할 수 있도록 따뜻하고
진지하게 조언하고 격려하라.

 지금 나에게 어떤 격려를 해주고 싶은가?

자신과 주고받는 혼잣말의 힘

우리의 운명을
조종하는 대화가 있다.
바로 우리가 우리 자신과
주고받는 내면의 대화다.
내면의 대화는 좌절과 희망, 열등감과 자신감의
차이를 가르고 나아가
우리 삶의 방향과 질을 결정한다.
운명을 바꾸고 싶다면
자기 자신과 주고받는 혼잣말(Self-Talk)부터
바꿔야 한다.

소통에는 크게 두 가지 유형이 있다.
하나는 우리가 이미 잘 알고 있는 타인과의 대화다.
다른 하나는 자기 자신과 하는 소통, 즉 내면의 대화다.

월요일 아침, 마지못해 출근하는 사람은 자기 내부에서 다음과
같은 대화를 주고받는다.

'에이, 또 월요일이야?' '정말 일어나기 싫어.' '아, 짜증 나.'
'하지만 목구멍이 포도청이니 어쩔 수 없이 나가야지.'
반면 즐거운 마음으로 집을 나서는 사람은 다르다.
'우와, 월요일이다.' '갈 곳이 있고, 할 일이 있어서 좋지?'
'맞아. 그러니 힘들더라도 짜증 내지 말자.'
'어차피 할 일이라면 남보다 일찍 가서 즐겁게 일하자.'

말에는 마법 같은 힘이 있다.
혼자 하는 말은 머릿속에서 나와 우리 몸의 세포 속으로
스며들어 우리의 몸과 마음을 움직인다.
'안 된다', '싫다', '못 하겠다' 같은 부정적인 말은 불만을 부르고,
'가능하다', '좋아', '해볼 거야' 같은 긍정적인 말은
행복을 가져온다.
오늘 우리가 무심코 주고받는 내면의 대화가
우리의 인생을 바꾼다.
내면의 대화를 바꾸려면 어떻게 해야 할까?
우리가 사용하는 단어를 바꾸면 된다.
생각과 대화는 모두 단어들로 구성되기 때문이다.
실제로 부정적인 단어를 많이 쓰면 불행해지고, 긍정적인 단어를
많이 쓰면 더 행복하고 오래 산다는 연구 결과가 많다.

신의 책상 위에는 이런 글이 쓰여 있다.
'네가 만일 불행하다는 말을 하고 다닌다면
불행이 정말 어떤 것인지 보여주겠다.
네가 만일 행복하다는 말을 하고 다닌다면
행복이 정말 어떤 것인지 보여주겠다.'

_ 버니 S. 시겔

텍사스대학교 제임스 패너베커 교수 등은
개인 블로그 3만 5천 개와 학생들의 에세이 1만 5천 개를
분석해서 부정적인 단어를 많이 사용하는 이들은 질병이나
외로움, 신경증이나 우울증에 시달릴 가능성이 더 높다는 사실을
발견했다.
반면 긍정적인 단어를 다채롭게 구사하는 이들은
직장생활뿐 아니라 여가 활동에서도 더 성실하고 적극적이고
몸도 더 건강했다.

미국에서 수녀 180명의 간증문을 분석한 결과,
긍정적인 단어를 별로 쓰지 않은 수녀들 가운데
85세 이상 장수한 사람은 34%에 불과했다.
반면 '매우 행복한', '정말로 기쁜'과 같은 긍정적인 단어를 많이
쓴 수녀들 중 85세 이상 장수한 사람은 무려 90%나 되었다.

행복하려면 부정적인 단어를 줄이고 긍정적인 단어를
늘려야 한다.
다행스럽게도 우리가 선택할 수 있는 단어는 모두 공짜다.

 오늘 하루를 행복하게 마무리하기 위해
나 자신에게 들려주고 싶은 가장 긍정적인 말은 무엇인가?

파리의 시선으로 바라보기

살면서 겪게 되는
여러 가지 괴로움은
자기 거리 두기(Self-Distancing) 실패에서
비롯되는 경우가 많다.
자기 거리 두기는
자신과 심리적 거리를 유지함으로써
자신의 경험과 감정에 너무 빠져들지 않고,
객관성을 유지하게 해
부정적인 감정을 덜어준다.
자기 거리 두기에는 '공간적 거리 두기'와
'시간적 거리 두기'가 있다.

공간적 거리 두기란 자기 자신과 거리를 두고 제3자가 되어
객관적으로 자신을 관찰하는 것을 말한다.

예를 들어 누군가와 다투거나, 가족 때문에 몹시 화가 날 때

잠시 자신이 천장에 붙어 있는 파리라고 상상하고
그 파리의 눈으로 자기 자신을 바라보는 것이다.
파리가 나를 지켜보면서 무슨 생각을 할지,
그리고 나에게 어떤 말을 해주고 싶을지 생각해보는 것이다.

그러면 이런 생각이 들 수 있다.
'어이! 별일 아닌데 당신이 너무 흥분한 거 같아.'

거리를 두고 자신을 멀리서 바라보면
좀 더 침착하고 평온한 태도를 취할 수 있다.
당연히 나중에 후회할 일도 그만큼 줄어든다.

> 자신이 무의식적으로 하고 있는 행동을 제대로 이해하려면
> '한 걸음 물러나' 바라볼 필요가 있다.
>
> _ 매들린 반 헤케

⊕ 멀리서 보면

멀리서 보면
당신, 당신은 내 친구처럼 보여요.
우리가 비록 전쟁 중일지라도
멀리서 보면
난 도저히 이해할 수가 없어요.
무엇 때문에 이렇게 싸우는지.

멀리서 보면
조화롭게 보이죠.
지상에 메아리치는 소리가 들리나요?
그건 기쁨의 노래.
그건 평화의 노래.
모든 사람들의 마음이죠.
온 세상 사랑의 계절에 울리는
모든 사람들의 노래죠.

_ 베트 미들러의 노래 'From a Distance'

 최근에 행한 후회스러운 일 한 가지를 '파리의 눈'으로
바라본다면?

이 또한 지나가리

지금
일어나고 있는 일에
지나치게 예민하게 반응하는 것은
그 일을 현재의 관점에서만 바라보기 때문이다.
하지만
미래의 관점에서 거리를 두고 현재 상황을
관조하다 보면 모든 일이
사소하게 느껴진다.

찰리 채플린은 이렇게 말했다.
"인생은 가까이서 보면 비극이고,
멀리서 보면 희극이다."

가까이서 보면 모든 것이 커 보이고
멀리서 보면 모든 것이 작아 보인다.

어떤 일 때문에 견딜 수 없이 화가 나거나
실망스럽고 슬플 때 잠깐 멈추고 10년 후의 나를 생각해보자.
그리고 이렇게 자문해보자.
'그때도 지금처럼 심각하게 느껴질까?'

> 가까이서 보면 모든 것이 커 보인다.
> _ 레이 달리오

심리학적 연구 결과들에 따르면
시간적 자기 거리 두기를 유연하게 할 수 있는 사람은
감정통제를 더 잘하고 상처에서 더 빨리 회복하는 것으로
밝혀졌다.

어느 날 다윗 왕이 궁중 세공인에게 명령했다.
"짐을 위해 아름다운 반지 하나를 만들라. 그 반지에는 내가 큰 승리를 거둬 기쁨을 억제하지 못할 때는 그 마음을 가라앉혀주고, 큰 절망에 빠졌을 때는 내게 용기를 줄 수 있는 글귀를 새기도록 하라."
세공인은 왕의 명령대로 아름다운 반지를 만들었지만 아무리 머리를 짜내도 왕을 만족시킬 수 있는 글귀를 생각해낼 수가 없었다.

그래서 지혜롭기로 소문난 솔로몬 왕자를 찾아가 도움을 청했다.

"왕자님, 큰 기쁨에 대한 흥분을 가라앉히고 동시에 큰 절망에 용기를 줄 수 있는 글귀로 어떤 것이 있을까요?"

그러자 솔로몬 왕자가 말했다.

"이 글귀를 반지에 새겨 넣으시오.

'이 또한 지나가리. 곧 지나가리(It shall also come to pass. Soon it shall come to pass).'

승리에 도취한 순간 이 글귀를 보면 곧바로 자만심이 가라앉을 것이고, 절망 중에 보면 용기를 얻게 될 것이오."

거리 두기는 인간만이 가지고 있는 가장 우아한 자기 초월 능력이다.

 시간적 자기 거리 두기를 실천해서 평화로운 마음을 유지할 수 있는 상황 한 가지를 찾아본다면?

원래대로 돌아갔을 뿐

소유했던 것을
상실하면 누구나 괴롭다.
아끼고 사랑한 것이라면 더 그렇다.
하지만 원래대로 되돌릴 수 없다면
생각을 바꿔야 한다.
상실로 인한 괴로움에서 벗어나려면
모든 것은 우리 곁에 잠시만 머문다는
사실을 받아들여야 한다.
그리고 잃어버린 것이 아니라 원래대로
돌아갔다고 생각을 바꿔야 한다.

살다 보면 연필이나 지우개를 잃어버리는 작은 일에서부터
직장을 잃기도 하고, 실연을 당하기도 하고,
주식투자로 전 재산을 날리기도 한다.
그런데 상담을 하다 보면 잃어버린 것을 아쉬워하면서 두고두고
괴로워하는 사람을 많이 만나게 된다.

하지만

우리가 소유한 모든 것은 원래 없던 것이다.

그러므로 잃어버린 것이 아니라 원래대로 돌아간 것이다.

모든 것은 지나가고 문제도 생겼다 사라진다.

계절도 왔다가 가고, 감기에 걸렸다가 어느 날 다시 건강해진다.

다쳤던 부위도 시간이 지나면 결국 회복된다.

우리가 괴로움에서 벗어나지 못하는 이유는 현재의 상태가
영원히 지속될 거라고 생각하기 때문이다.
이 세상 어떤 것도 영원히 지속되지 않는다는 사실을 받아들이면
마음이 한결 평화로워진다. 날아가는 새는 뒤돌아보지 않는다.
이미 지나간 과거가 다가오는 미래의 발목을 잡지 않게 하자.

> 망각 없이 행복은 있을 수 없다.
> _ 앙드레 모루아

노예철학자 에픽테토스는 《자유와 행복에 이르는 삶의 기술》에
서 이렇게 말한다.

삶에서 잃을 것은 아무것도 없다.

우리는 아무것도 잃지 않는다.

어떤 경우에도 "난 이러이러한 것을 잃었다."고 말할 것이 아니라
"그것이 제자리로 돌아갔다."고 말하라.
그러면 넌 마음의 평화를 잃지 않을 것이다.
너의 자식이 죽었는가?
아니다. 그는 본래의 자리로 돌아간 것뿐이다.
너의 재산과 소유물을 빼앗겼는가?
아니다. 그것들 역시 본래의 위치로 돌아간 것이다.
아마도 넌 나쁜 사람이 네 소유물을 빼앗아 갔다고 화를 낼지도
모른다. 하지만 한때 네게 그것들을 주었던 이가 이제는
그것들을 거둬 다른 이에게 주었는데 화를 낼 이유가 무엇인가?

중요한 것은 이것이다.
세상이 허락했기 때문에 넌 현재 이러이러한 것을 갖고 있는
것이다. 따라서 그것들이 네 곁에 있는 동안에 그것들을 소중히
여겨라. 여행자가 잠시 머무는 여인숙의 방을 소중히 여기듯이.

 앞으로 나아가기 위해 원래대로 돌아갔다고 생각하면서
털어내고 싶은 과거는 무엇인가?

그래서 vs. 그럼에도 불구하고

과거, 다른 사람, 환경, 운명의
지배를 받는 사람은 '그래서'를 선호한다.
반면에
과거, 다른 사람, 환경, 운명으로부터
자유로운 사람은 '그럼에도 불구하고'를 선택한다.
과거에서 벗어나 인생을 바꾸고 싶다면
'그래서'를 '그럼에도 불구하고'로
바꿔야 한다.

한 내담자가 말했다.
"저는 세 살 때의 일도 기억을 하는데 아버지한테 단 한 번도
칭찬을 받은 적이 없습니다. 야단맞고 혼나고 구박만 받고
자랐습니다. '그래서' 저는 아버지와는 말할 것도 없고, 대학교
다닐 때 교수님들이나 직장 상사 같은 윗사람들과 사이가
안 좋고 갈등이 심합니다."
나는 그의 말에 충분히 공감해주고 나서 그에게 물었다.

"그럼 ○○씨는 어떤 아들이며, 지금까지 아버지께 칭찬을 얼마나
많이 해드렸나요?"

"⋯⋯⋯⋯⋯"

"지금 나이가 마흔이 넘었는데 언제까지 어린 시절의
아버지 탓만 하면서 살아갈⋯ 건가요?"

지난날의 상처에서 벗어나고 싶다면
"어렸을 때 아버지에게 구박만 받고 자랐다. '그래서' 나는⋯"
대신에,
"어렸을 때 아버지한테 구박만 받고 자랐다.
'그럼에도 불구하고' 나는⋯" 이렇게 바꿔야 한다.
어제까지는 내 탓이 아닐 수 있다.
하지만 오늘부터는 내 삶을 내가 선택할 수 있어야 한다.

> 우리가 과거 사건으로 인해 큰 마음의 상처를 입었을 수는 있지만,
> 현재 우리가 과거의 희생자가 되기로 선택하지 않는 한
> 우리는 더 이상 과거의 희생자가 아니다.
> _ 버니 S. 시겔

⊕ 오른손을 잃었다. 그럼에도 불구하고…

멕시코 국립예술박물관에는
'그럼에도 불구하고'라는 이름을 가진 아름다운 조각상이 있다.
거짓말을 한 죄로 밧줄에 몸이 묶인 벌거벗은 여자 조각상인데
어떻게 이런 이름이 붙었을까?
조각가 콘트레라스(Jesus F. Contreras)는 이 작품을 만들던 중에
섬유성 암으로 오른손을 잃었다.
그래서 아무도 이 조각상이 완성되리라고 기대하지 않았다.
하지만 그는 왼손으로 조각을 하기 시작했다.
그리고 마침내 역사에 남을 훌륭한 작품을 완성했다(1898년).
훗날 멕시코 사람들은 이 조각상에
'Malgré Tout(프랑스어, 그럼에도 불구하고)'라는 이름을 붙여주었다.

Q 그동안 '그래서'라는 생각으로 누군가를 탓했던 일을
'그럼에도 불구하고'로 생각의 각도를
바꾸고 싶은 일은 무엇인가?

포기와 성장을 가르는 마인드셋

왜 어떤 사람은
시도해보지도 않고 포기하고,
또 어떤 사람은
남들이 다 포기하는 일에도 끝까지 도전할까?
자신을 바꿀 때도,
누군가를 긍정적으로 변화시킬 때도
쉽게 포기하는 사람이 있는가 하면
포기하지 않고 끝까지 노력하는 사람이 있다.
모두 마인드셋(Mindset)이
다르기 때문이다.

"사람은 안 변해." vs. "사람은 얼마든지 달라질 수 있어."
"소심한 성격을 타고나서…." vs. "성격은 갈고닦기 나름이야."

어느 쪽이건 당신의 생각은 옳다.
바뀔 수 없다고 믿는 사람은 바꾸려 하지 않고,
바뀔 수 있다고 믿는 사람은 바꾸려 하기 때문이다.

자질이나 재능에 대한 마인드셋은 고정형과 성장형,
두 가지 유형으로 구분된다.
고정형 마인드셋(Fixed Mindset)을 가진 사람은 자신의 자질과
능력뿐 아니라 다른 사람도 바꿀 수 없다고 믿는다.
반면
성장형 마인드셋(Growth Mindset)을 가진 사람은 배움과 노력을
통해 얼마든지 변화와 성장이 가능하다고 믿는다.
그래서 성장형 마인드셋을 가진 사람은 실패하더라도 끊임없이
공부하고 연구하면서 어떻게든 방법을 찾아낸다.
그리하여 결국 변화를 이뤄낸다.
우리 자신과 세상은 바꿀 수 있다고 믿을 때 조금씩 더
좋은 쪽으로 발전한다.

> 당신이 할 수 있다고 생각하건
> 할 수 없다고 생각하건 당신은 옳다.
>
> _헨리 포드

⊕ 고정형 마인드셋을 성장형 마인드셋으로 바꾸려면

첫째, 사람은 절대 변하지 않는다는 생각 대신, 사람은 마음먹기에 따라 얼마든지 변할 수 있다고 믿는다.

둘째, 재능 및 자질은 고정불변하다고 믿는 대신, 재능 및 자질은 갈고 닦기에 따라 얼마든지 성장 가능하다고 가정한다.

셋째, 도전 상황에서 어차피 안 될 거라 생각해 미리 포기하는 대신, 아무리 어려운 일도 누군가는 해낸다는 믿음을 갖고 어떻게든 도전할 방법을 찾아본다.

넷째, 실패할 때, 실패를 변화 불가능에 대한 증거로 채택하는 대신, 실패를 성공에 이르는 필수 과정이나 디딤돌로 여겨 더욱더 노력한다.

다섯째, 타인의 성공을 보면서 스트레스를 받거나 좌절감을 느끼는 대신, 성공 사례에 적극적인 관심을 갖고 보고 배우며 영감을 얻는다.

 지금부터 성장형 마인드셋으로 해내고 싶은 일은 무엇인가?

문제가 점점 더 심각해지는 까닭

문제가 생기면
너무 심각하게 생각하지 마라.
모든 문제는
지나치게 심각하게 생각하기 때문에
더 심각해진다.
심각한 문제에
깊이 빠져들고 싶지 않다면
문제를 해학적으로 바라볼 수 있는
유머 감각을 길러야
한다.

어느 날 딸이 한 말 때문에 서운하고 화가 났다면서 아내가
이렇게 말했다.
"너무 심각하게 생각하면 뭐든 문제가 되는 것 같아요. 대수롭지
않게 생각했다면 얼마든지 가볍게 넘길 수 있는 일인데, 어제는
너무 심각하게 생각해서 화가 났던 것 같아요."

실수를 저질렀을 때, 일이 뜻대로 안 풀리고 꼬일 때,
누군가와 다툼이 생겼을 때….
지나치게 심각하게 생각하면 상황이 점점 더 심각하게 느껴진다.
하지만 해학적으로 바라보면 별일 아닌 것이 되고 의외로 쉽게
문제를 해결할 수도 있다.
1990년 노벨문학상을 수상한 멕시코 시인 옥타비오 파스는
이렇게 말했다.
"유머야말로 현대 정신 건강의 가장 위대한 발명이다."
프로이트 역시 "웃음은 억압된 적대감을 해롭지 않은 방식으로
정화시키며, 유머야말로 인간이 가지고 있는 가장 우아한 방어기
제"라고 했다.

> 너무 깊이 생각하는 모든 것은 문제가 된다.
> _ 프리드리히 니체

심각한 사람에게는 아무것도 아닌 일이 문제가 되고, 해학적인
사람에게는 아무리 심각한 문제도 아무것도 아닌 일이 된다.

링컨의 정적 스티븐 더글러스가 '링컨은 말만 그럴듯하게 하는
두 얼굴의 이중인격자'라고 비난했다.
그러자 링컨은 미소를 지으며 이렇게 응수했다.

"제가 두 얼굴의 소유자라면 오늘처럼 중요한 날에 왜 이렇게 못생긴 얼굴을 가지고 나왔겠습니까?"

한번은 어떤 상원의원이 링컨의 아버지가 구두 수선공이라고 조롱하자, 링컨은 오히려 정중하게 대답했다.

"감사합니다, 의원님. 한동안 잊고 지냈던 제 아버지를 떠올리게 해주시니 말입니다. 제 아버지는 정말 완벽한 구두 수선공이셨습니다. 누구든지 제 아버지가 만든 구두에 문제가 생기면 가져오십시오. 아버지 솜씨를 따를 수는 없지만 제가 정성을 다해 수선해드리겠습니다."

평생 임종 환자들을 대상으로 죽어가는 사람들의 심리를 연구했던 엘리자베스 퀴블러 로스는 그의 마지막 책 《인생수업》에서 이렇게 말했다.

"죽음을 앞둔 사람들이 가장 많이 후회하는 것은 '삶을 그렇게 심각하게 살지 말았어야 했다'는 것이다."

'그때 좀 더 심각하게 나갔어야 했는데….'

이렇게 후회하면서 죽는 사람은 없다.

 심각한 문제가 될 수도 있었지만 재치 있게 대처해 좋은 결과를 얻었던 경험 한 가지를 찾아본다면?

마이너스 가정법, 만약 ~이 없다면?

불평, 불만, 불행감은
플러스 가정법(만약 ~ 이 있다면)으로
만들어지고,
감사, 만족, 행복감은
마이너스 가정법(만약 ~이 없다면)으로
만들어진다.
삶의 질을 바꾸고 싶다면
플러스 가정법을 마이너스 가정법으로
바꾸면 된다.

만약
더 큰 집을 사게 된다면…. 5년만 더 일찍 승진했더라면….
아들이 전교 1등만 해준다면….
최고급 외제차를 한 대 더 갖게 된다면….
이처럼 더 많은 것을 추구하는 '플러스 가정법'을 사용하면
아무리 많은 것을 소유해도 만족할 수 없다.

반면

만약 퇴근해서 편히 쉴 수 있는 이 집이 없다면….

이렇게 다닐 수 있는 직장이 없다면….

아이가 친구도 없이 따돌림을 당하고 있다면….

이 먼 거리를 차도 없이 걸어가야 한다면….

이처럼 이미 갖고 있는 것을 잃었을 때를 생각하는
'마이너스 가정법'을 사용하면, 소유한 것이 아무리 적다고 해도
감사한 마음으로 살아갈 수 있다.

"발이 없는 사람을 보기 전까지는 내게 신발이 없다는 사실을 슬
퍼했다." 고대 페르시아 속담이다.
지금 가지고 있는 것으로 누릴 수 있는 것을 누려라.

> 불행한 사람은 갖지 못한 것을 사모하고
> 행복한 사람은 갖고 있는 것을 사랑한다.
>
> _ 하워드 가드너

마리오 알론소 푸익은《자기대면》이라는 책에서
인생이 엉망이라는 환자의 상담 사례를 소개한다.
"제 인생은 제대로 풀리는 일이 하나도 없고 모든 게 엉망입니다."

그러자 의사는 이렇게 말한다.

"부인을 잃으셨다는 소식을 들었습니다. 마음이 많이 아프시죠?"

남자는 황당하다는 표정으로 이렇게 말했다.

"선생님, 제 아내는 건강합니다. 뭘 잘못 들으신 것 같네요."

"아, 그래요? 부인이 건강하시다니 정말 다행입니다."

의사는 종이에 무언가를 쓰더니 큰 소리로 읽었다.

"아내는 건강하게 살아 있음."

의사는 말을 이었다.

"그런데 아드님이 아프시다니 유감입니다."

"선생님, 오늘 이상하시네요. 제 자식들은 모두 건강합니다."

의사는 '아들도 건강함'이라고 말하며 이를 종이에 적었다.

"제가 아픈 곳을 건드리는 것일지도 모르겠지만, 직장에서 해고되셨다니 정말 안타깝네요."

직장을 잃지 않았다고 대답하려는 순간 이 남자는 그동안 자신이 잊고 지냈던 행복한 일들이 얼마나 많은지, 사소한 일들 때문에 얼마나 일희일비하고 있는지를 깨달았다.

그리고 그는 곧바로 자리에서 일어나 중요한 것을 깨닫게 해준 의사에게 감사를 표한 후 진료실을 떠났다.

 늘 곁에 있어서 그동안 소중함을 잊고 살았던 것 한 가지만 찾아본다면?

싫은 생각에서 벗어나기

생각은
제거되는 것이 아니다.
대체될 뿐이다.
부정적인 생각으로 괴롭다면
그냥 긍정적인 생각을
떠올리면 된다.

부정적인 생각을 하지 않으려고 하면 할수록 더욱더 부정적인
생각이 떠오른다. 부정적인 생각을 억제하려는 그 순간 우리의
뇌가 부정적인 생각에 초점을 맞추기 때문이다.
어떤 생각을 억제하면 억제할수록 그 생각이 더 많이 나는 것을
심리학에서는 **반동효과(Rebound Effect)**라고 한다.

부정적인 생각에서 벗어나는 방법은 의외로 간단하다.
부정적인 생각 대신 긍정적인 생각을 하는 것이다.
그림자가 싫다면 빛을 향해 돌아서면 되고,

부정적인 생각이 싫다면 긍정적인 생각을 선택하면 된다.

단점, 상처, 원망, 좌절, 우울…
나쁜 생각이 다시 자리 잡지 못하게 하는 가장 좋은 방법은
장점, 감사, 자비, 사랑, 배려…
와 같은 좋은 생각이 그 자리를 차지하게 하는 것이다.
이른바 **대체의 원리(Principle of Replacement)**다.

> 그림자를 없애려면
> 그저 뒤를 돌아 빛을 바라보면 된다.
> _존 하리차란

⊕ 먹물을 빼내려면

내담자: 선생님 상처 받은 기억과 나쁜 생각들 때문에 너무 괴롭습니다. 생각을 안 하려고 아무리 애를 써도 안 돼요.

상담자: 여기 유리잔에 맑은 물이 있습니다. 먹물 한 방울을 떨어뜨려 보겠습니다. 어떻게 변했나요?

내담자: 시커멓게 변했습니다.

상담자: (고무주머니가 달린 스포이트를 건네주며) 물잔을 맑게 만들기 위해 이걸로 먹물을 빼내 보십시오.

내담자: 이미 물에 섞인 먹물을 무슨 수로 빼냅니까?

상담자: 그럼 어떻게 해야 할까요?

내담자: 그거야 당연히 맑은 물을 계속 부으면 되겠죠.

먹물 한 방울이 컵 안의 맑은 물 전체를 검게 물들이듯이
부정적인 생각이 우리의 일상 전체를 어둡게 만들 수 있다.
그런 부정적인 생각을 없애는 가장 효과적인 방법은 검게 물든
컵에 맑은 물을 붓듯이 긍정적인 생각을 계속 하는 것이다.

 내 마음의 물잔 속 먹물은 무엇이고,
먹물을 제거하기 위해 부어야 할 맑은 물은 무엇인가?

기분이 좋아지는 가장 경이로운 방법

기분이
처지고 울적한가?
그렇다면 남에게 뭔가 좋은 일을 해주라.
무력감에서 벗어나고 기분이 좋아지게 만드는
가장 경이로운 방법은
누군가를 위해 작은 친절을
베푸는 것이다.

열등감 이론의 창시자,
알프레드 아들러는 우울하다는 환자에게 이렇게 제안했다.
"밖으로 나가 누군가에게 친절을 베푸세요."
그러자 환자가 대답했다.
"선생님, 저는 지금 그럴 기분이 아닙니다."
그러자 아들러는 다시 요청했다.
"그러면 친절을 베푸는 상상만이라도 해보세요!"

남에게 친절을 베풀면 왜 기분이 좋아질까?

첫째, 초점이 자기 내부로부터 외부로 향하게 된다.

둘째, 통제감을 경험하기 때문에 무력감이 줄어든다.

셋째, 자신이 의미 있는 존재임을 확인하게 된다.

스탠퍼드대학교의 제니퍼 아커 교수는 사람들이 언제 행복을
느끼는지 조사했다. 그 결과 사람들은 '남을 위해 좋은 일을 할
때' 가장 큰 행복감을 느낀다는 것을 발견했다.

남을 돕는 과정에서 일어나는 몸과 마음의 긍정적인 변화를
헬퍼스 하이(Helper's High)라고 한다.

우울감에서 벗어나고 싶다면 미소를 짓건, 작은 선물을 하건,
짐을 들어주건, 맛있는 음식을 대접하건, 이야기 상대가
되어주건…

다른 사람을 행복하게 해줄 수 있는 작은 일 한 가지를 하라.

패치 아담스: 자살하려 했거든. 그 정신병원이 내 생애 최고의 장소
였어.

카린 피셔: 의사들이 잘해줬나 보지?

패치 아담스: 아니, 환자들 덕분이야. 그들을 돕다 보니 내 문제를
잊을 수 있었거든.

삶의 방향을 잃고 정신병원에 입원했다가 후일 의료혁명의
메카로 불리는 게준트하이트(Gesundheit) 병원을 설립한
헌터 아담스를 그린 영화 〈패치 아담스〉에 나오는 대사다.

행복하고 싶은가?
그렇다면 다른 사람을 행복하게 해주라.
_ 플라톤

달라이 라마 역시 이렇게 말했다.
"당신의 슬픔이나 노여움을 치유하고 싶다면
다른 사람의 슬픔이나 노여움을 치유하도록 노력하십시오."
자존감을 높이고 자신을 더 사랑할 수 있는 가장 놀라운 방법 중
하나는 누군가에게 작은 친절을 베푸는 것이다.

 가까이 있는 누군가에게 당장 베풀 수 있는
작은 친절 한 가지를 찾아본다면?

즐겁기 때문에 웃는다?

성공과 행복의 비밀은
자기가 하는 일을 좋아하고 즐기는 것이다.
일을 좋아하고 즐기는 가장 효과적인 방법은
그 일을 할 때 반쯤 미소를 짓는 것이다.
하는 일이 즐겁기 때문에 웃기도 하지만
거꾸로
웃으면 하는 일이 즐거워진다.

공자는
"아는 사람은 좋아하는 사람을 이길 수 없고, 좋아하는 사람은 즐기는 사람을 이길 수 없다"라고 했다.
그렇다면, 하고 있는 일을 좋아하고 즐기려면 어떻게 해야 할까?
미소를 짓고 하면 된다.

아리스토텔레스 때부터 인간의 감정을 결정하는 것은 대뇌라고 생각했는데 이것을 **정서의 중추설**이라고 한다.

그런데 심리학자들은 다양한 실험을 통해 표정과 같은 말초기관에 변화가 일어나면 감정이 달라진다고 주장했다. 이것을 **정서의 말초설(Peripheral Theory of Emotion)**이라고 한다.

> 나는 행복하기 때문에 노래를 부르는 것이 아니라
> 노래를 부르기 때문에 행복하다.
> _ 앤디 앤드루스

정서의 말초설을 근거로 근대 심리학의 아버지 윌리엄 제임스는 이렇게 말했다.

"우리는 행복하기 때문에 웃는 것이 아니라, 웃기 때문에 행복해진다."

공부, 일, 설거지, 청소….

하는 일이 무엇이건 반쯤 미소를 지어보라.

다르게 느껴지고 다르게 보인다.

미소를 지으면 하는 일만 좋아질까?

아니다. 삶의 모든 측면이 좋아질 수 있다.

1960년 캘리포니아대학교 버클리 캠퍼스의 대처 켈트너 교수와 그의 제자, 대학원생 리엔 하커는 표정이 우리의 삶에서 얼마나 중요한 역할을 하는지 알아보기 위해 연구에 착수한다.

그들은 여대생들의 졸업앨범 사진을 분석해 아주 자연스러운 미소가 몸에 밴 여학생들과 그렇지 못한 여학생들로 분류했다.
그리고 30년 동안 스승과 제자가 대를 이어 두 그룹의 졸업사진
주인공들이 27세, 43세, 52세가 되는 해에 인터뷰를 실시했다.
그리고 40년이 지난 2001년 연구 결과를 발표한다.
환한 미소의 주인공들은 그렇지 못한 집단에 비해 훨씬 더
건강하고 병원에 다니는 횟수도 적고 사망률도 낮았다.
또한 결혼 만족도가 높고, 이혼율이 훨씬 낮았으며
경제적으로도 더 풍요로운 생활을 하고 있었다.
나이 50이 되어도 인생이 제대로 풀리지 않고 꼬이기만 한다면
거울 앞으로 달려가 거기에 누가 어떤 표정으로
서 있는지 확인해봐야 한다.

 지금부터 반쯤 미소를 지으면서 해보고 싶은 일은
무엇인가?

행복은 바이러스처럼

감정이
바이러스처럼 다른 사람에게
옮겨 퍼지는 현상을 **감정전염(Emotional Contagion)**
이라고 한다.
늘 투덜대는 사람과 어울리면 투덜이가 되고
즐거운 사람과 함께하면 즐거워진다.
그러므로
내가 행복하려면 행복한 사람들과
어울려야 하고
다른 사람을 행복하게 해주려면
내가 행복해야 한다.

인상을 쓰면서 짜증 내는 사람을 만나면 나도 모르게 인상을
찌푸리게 된다.
상대가 환한 미소로 인사를 해오면 저절로 미소가 지어진다.
상대방의 표정에 따라 거울처럼 반응하는

대뇌의 **거울신경세포(Mirror Neuron)** 덕분이다.
타인의 표정을 보는 것만으로도 우리의 표정이 바뀌고
그로 인해 감정전염이 일어난다.
그래서 투덜거리는 사람을 만나면 자기도 모르게
불만이 많아지고, 행복한 사람과 어울리면 행복지수가 높아진다.
흥미로운 점은 부정적 감정이 긍정적 감정보다
전염성이 더 빠르고 더 강하다는 사실이다.
그러므로 행복해지고 싶다면 부정적인 사람을 멀리하고
긍정적이고 명랑한 사람들과 어울려야 한다.

> 단순히 기분이 좋은 사람 옆에만 있어도
> 의욕이 솟아 수행능력이 향상된다.
> _론 프리드먼

하버드대학교 니컬러스 크리스타키스 교수의 연구에 따르면
내가 행복하면 내 친구가 행복해질 가능성이 15% 증가하고,
내 친구의 친구가 행복해질 가능성도 10%나 증가한다.
네덜란드 틸뷔르흐대학교 올가 스타브로바 교수의 연구에
따르면 행복한 배우자와 함께 사는 노인은 그렇지 않은 노인에
비해 8년 이내에 사망할 위험이 13%나 낮아진다.
감정만 전염되는 것이 아니다. 하품이나 웃음은 말할 것도 없고
심지어는 가려움이나 비만도 전염된다.

영국의 헐대학교 심리학과 헤닝 홀레 박사는 실험 참가자들에게
다른 사람이 팔뚝을 긁는 영상을 보여줬다.
그러자 무려 64%가 영상을 보면서 자신의 팔을 긁었다.
단지 긁는 행동을 따라만 하는 것인지 실제로 가려움을 느끼는지
확인하기 위해 실험 참가자들이 영상을 보면서 팔을 긁을 때
뇌에서 일어나는 변화를 fMRI(기능성 자기공명영상)로 촬영했다.
그러자 실제로 염증이 있어서 긁을 때 반응하는 뇌 부위가
똑같이 작동했다. 긁는 행동을 관찰하는 것만으로 우리 몸이
가려워진다는 말이다. 이전 연구에서 하품은 40~60%, 웃음은
47%가 전염되는 것으로 밝혀졌다.
니컬러스 크리스타키스 교수의 또 다른 연구 결과에 따르면,
친구가 비만이면 그렇지 않은 경우보다 비만이 될 확률이
57%나 더 높았다.
두 사람이 서로 친한 사이라고 인정한 경우는 한 친구가 비만이
되면 다른 친구도 비만이 될 가능성이 무려 171%나 높게 나타났
다. 이처럼 감정뿐 아니라 생각이나 행동이 광범위하게 퍼지는
현상을 **사회적 전염**(Social Contagion)이라고 한다.

 내가 오늘 행복 바이러스를 퍼뜨리고 싶은 사람은
누구인가?

세상에서 가장 우아한 복수

우리를 무시하는 사람들에 대한
가장 우아한 복수는
그들이
"너는 안 돼!"
라고 했던 일을 멋지게 해내서
그들의 생각이 틀렸음을
증명해 보이는 것이다.

아무리 최선을 다하고, 아무리 좋은 성과를 내도 가끔은 우리를
비난하고 무시하는 사람을 만나게 된다.

무시를 당하면 사람들은 대개 기가 죽거나 주눅이 든다.
대놓고 화를 내거나 울고불고 난리를 치기도 한다.
복수하겠다고 이를 갈면서 대낮부터 술을 마시기도 한다.

불에 불로 맞서지 말고 상처를 준 사람을 곱씹으면서

그가 우리의 인생을 좌지우지하게 내버려두지 말자.

인생의 가장 큰 비극은 다른 사람들이 우리의 삶을 통제하게
하는 것이고, 인생에서 가장 큰 즐거움은 사람들이 "너는 안 돼!"
라고 했던 일을 멋지게 해내서 그들이 틀렸음을 증명해 보이는
것이다.

> 인생에서 가장 큰 즐거움은
> 사람들이 '너는 못할 거야'라고 한 일을 해내는 것이다.
> _ 월터 배젓

내 강의를 들었던 학생이 어느 날 메일을 보내왔다.

"너, 이 점수로는 대학 근처에도 못 가."
어느 날 담임선생님이 성적표를 주면서 이렇게 말했습니다.
그날 하루 종일 울고불고, 담임선생님을 욕하고….
그러다 생각을 바꿨습니다.
'두고 보십시오. 반드시 내가 할 수 있다는 것을 보여드리겠습니다.'
그날 이후 학교 - 집 - 학원, 그리고 학교 - 집 - 학원…
수능시험 때까지 이 세 곳 외에는 간 곳이 없습니다.
미용실도, 목욕탕도, 친구들과 군것질도, 그 어떤 것도 하지 않고,
허벅지와 엉덩이가 짓무를 정도로 책상에만 붙어 있었습니다.

그리하여 전교 10등 안에 들었습니다.
결국 그 선생님 덕분에 지금 저는 교수님 강의를 듣고 있습니다.

자신을 사랑하는 사람은 무시나 비난에 휘둘려 중심을 잃지 않는다. 그들은 장애물을 디딤돌로 만들어 분발의 계기로 삼는다.

 나를 무시했던 사람에게 해줄 수 있는 가장 우아한 복수는 무엇인가?

뒷담화를 즐기거나 남을 미워하면…

뒷담화 세계에는
부인할 수 없는 한 가지 진리가 있다.
그 자리에 없는 누군가에 대해
나와 함께 뒷담화를 주고받은 사람은
반드시 내가 없을 때
누군가와 함께 내 뒷담화를 한다는 것이다.
이처럼 누군가를 험담한 행위가
언젠가 자신에게 돌아오는 것을
부메랑 효과(Boomerang Effect)라고 한다.

살다 보면 뒷담화의 유혹을 뿌리치기 힘들 때가 많다.
거기엔 몇 가지 심리적 이유가 있다.
첫째, 재미있다. 시간이 가는 줄 모를 정도로.
둘째, 스트레스가 해소된다. 사이다를 마신 것처럼.
셋째, 친한 동맹관계를 형성할 수 있다. 둘도 없는 친구처럼.
하지만 모두 일시적인 효과일 뿐이다.

얻는 게 있으면 치러야 할 대가가 있게 마련이다.
길게 보면 더 큰 부작용을 일으킨다.

첫째, 기분이 나빠지고 자존감도 떨어진다.
둘째, 비열한 사람이 되고, 뒷담화를 주고받던 사람과는
좋은 관계를 오래 유지할 수 없다.
셋째, 당사자에게 흘러들어가면 치명적인 문제를 일으키고 화해
를 시도해도 관계 회복이 어렵다.

무엇보다 중요한 것은 누군가를 험담하거나 미워하면
나쁜 기운이 내 안으로 스며들어 내 마음이 미워진다는 것이다.
자존감이 높은 사람은 뒷담화의 유혹에 휘말리지 않는다.
검지 하나로 손가락질을 할 때 세 개의 손가락은 나를 향하고
있다는 사실을 명심하자.

> 험담은 세 사람을 죽인다.
> 말하는 자, 험담의 대상자, 그리고 듣는 자.
> _《미드라시》, 유대인의 종교 해석 서적

⊕ 내 마음이 미워진다

남을 미워하면
저쪽이 미워지는 게 아니라
내 마음이 미워진다.

부정적인 감정이나
미운 생각을 지니고 살아가면
그 피해자는 누구도 아닌
바로 나 자신이다.
…

미워하는 것도 내 마음이고
좋아하는 것도 내 마음에 달린 일이다.

_ 법정 스님

 내 마음을 밉게 만든 일 한 가지를 떠올려보고,
내 마음을 예쁘게 만들 방법 한 가지를 찾아본다면?

사람들을 기쁘게 하는 재주

모르면
모른다고 솔직하게 말하자.
내가 모르는 것을 누군가 알고 있다면
그에게 가르침을 부탁하자.
대화 중에 이해가 안 되는 내용이 있으면
그 말이 무슨 뜻인지 정중하게 물어보자.
모른다고 하면 의외로 사람들이 좋아한다.
그리고
배우려면 우선 모른다는 사실부터
인정해야 한다.

빤히 알고 있는 내용도 기억이 잘 나지 않아 쩔쩔맬 때가 있다.
판서를 할 때 한글보다 더 익숙한 심리학 용어의 영어 철자가
헷갈릴 때도 있다. 꽤 오랫동안 이런 상황에서 진땀을 흘리며
난감해했다.

하지만 언제부턴가 생각이 안 나면 안 난다고 말하고
모르면 모른다는 것을 솔직하게 인정하자고 생각을 바꿨다.
그 후로는 학생들에게 이렇게 말한다.
"어, 생각이 잘 안 나네. 누구 아는 사람 없어요?"
마음도 한결 편해졌다.
그런 내가 무능한 교수라고 학생들이 대자보를 써붙인 적은
없었다. 수강신청을 취소한 학생도 없었다.

언젠가 자료를 정리하던 중 사전을 뒤져도 찾지 못한 영어 단어가
있어서 영문과 교수에게 전화를 걸어 도움을 요청했다.
그분은 프랑스어에서 파생된 단어라 찾기 힘들었을 거라며
그 단어의 어원과 함께 재미있는 사례까지 친절하게 알려줬다.
그 후 그분도 심리학에 관한 것을 이것저것 내게 부담 없이
물어왔다. 우리는 더욱 친해졌다.

> 나는 대답을 빨리 해서 사람들을 기쁘게 하는 재주가 있다.
> (잘 모를 때) '나는 모른다'고 말한다.
>
> _ 마크 트웨인

왜 사람들은 모르는 것을 모른다고 말하지 못할까?
'모른다'는 것을 인정하면, 자존심이 상하기 때문이다.

또 모른다고 하면 무식하다는 소리를 듣게 되고,
무식하면 사람들이 싫어할 거라 생각하기 때문이다.
하지만 그건 틀린 생각이다.
사람들은 자기를 가르치려는 사람보다 모른다는 것을 인정하고
자기에게 가르침을 요청하는 사람을 훨씬 더 좋아한다.

모르면서도 아는 척을 하라.
그러면 점점 더 무식해질 것이다.
모르면 모른다고 말하고 가르쳐주기를 요청하라.
그러면 점점 더 유식해질 것이다.
모르면 모른다고 말하고, 때로는 나보다 어린 사람에게도
가르침을 요청하자.

자존감이 높아지면 모르면 모른다고 진솔하게 인정하고
가르침을 요청할 줄 알게 된다.

 모르면서도 아는 척하기보다 모르면 모른다고 솔직하게
인정해서 더 좋았던 경험이 있다면?

싫을 때 싫다고 거절할 수 있는 용기

내키지 않는 요청을
지혜롭게 거절하는 기술은
도움이 필요할 때 다른 사람들이 기꺼이 돕고 싶도록
도움을 요청하는 기술과 함께
행복한 삶을 살기 위해 익혀야 할
가장 중요한 기술 중 하나다.
도움이 필요할 때 도움을 요청할 수 있는 용기만큼
중요한 것이 있다.
싫을 때, 싫다고 거절할 수 있는 용기다.

상대방에 대한 배려심 때문에 차마 거절할 수 없었다고 말하는
사람이 많다. 하지만 그들의 마음을 깊이 들여다보면 상대방에
대한 '배려' 때문이 아니라 거절할 '용기'가 없어서인 경우가 더
많다.

꼭 들어줘야 할 부탁이라면 얼른 수락하고

최선을 다해서 도와주자.

하지만 부당하거나 들어줄 수 없는 부탁이면 망설이지 말고

정중하게 거절하자.

모든 사람의 모든 부탁을 다 들어줄 수는 없다.

그러니 부탁을 들어주지 못했다고 너무 죄책감을 느낄 필요는

없다.

내키지 않는 일을 마지못해 하고 나서 뒤에서 투덜거리거나

두고두고 후회하는 것보다 정중하게 거절하는 것이 서로를 위해

훨씬 더 낫다.

변명을 늘어놓지 않고
저녁 초대를 거절할 수 있는 사람이
진정 자유로운 사람이다.

_ 줄로 레나드

⊕ 죄책감 없이 'No!'라고 말할 수 있는 10가지 권리

1. 나는 내 행동을 주도적으로 결정하고 책임질 권리가 있다.

2. 내 판단에 대해 설명하거나 변명하지 않을 권리가 있다.

3. 도움을 제공할지 여부를 나 스스로 판단할 권리가 있다.

4. 생각이 바뀌면 언제든지 변덕을 부릴 권리가 있다.

5. 매사 완벽할 필요가 없으며, 때때로 실수할 권리가 있다.

6. 모르는 것에 대해 '나는 모른다'고 말할 권리가 있다.

7. 상대방이 제공한 호의와 상관없이 행동할 권리가 있다.

8. 때론 비합리적이거나 즉흥적으로 결정할 권리가 있다.

9. 시간이 남아돌아도 '바쁘다'고 말할 권리가 있다.

10. 하기 싫은 일에는 단호하게 '관심이 없다'고 말할 권리가 있다.

 이제부터 죄책감 없이 'No'라고 말할 수 있는 일은
무엇인가?

잔소리 대처법

충고나 잔소리 때문에
스트레스를 심하게 받는다면
그건 두 가지 자유를 수용하지 못하기 때문이다.
첫째, 말하는 사람이 말하고 싶은 자유.
둘째, 듣는 사람인 내가 취사선택할 수 있는 자유.
그러므로 해결 방법은 의외로 간단하다.
첫째, 말하고 싶은 사람의 자유를 존중해준다.
둘째, 들을지 말지 취사선택은 내 자유라고 생각한다.

살다 보면 부모나 상사와 같은 윗사람뿐 아니라 배우자나 동료,
심지어 자식들에게도 듣게 되는 것이 충고나 잔소리다.
그중 윗사람에게 듣는 잔소리가 가장 스트레스를 준다.
그건 내가 통제할 수 없기 때문이다.

남이 켜놓은 음악 소리는 귀에 거슬리고 같은 일도 스스로
할 때보다 지시받아 할 때 스트레스를 더 받는데, 이를 **통제감의**

효과(Controllability Effect)라고 한다.

그러므로 스트레스를 줄이려면 통제감을 높이면 된다.

'어쩔 수 없이 들어야만 한다'는 생각을 '내가 들어주기로 했다'고 생각의 각도를 바꾸기만 해도 마음이 한결 편해진다.

들어야 하는 입장이라면 상대방이 말하고 싶은 자유를 존중하고 진지하게 듣되 취사선택은 내가 한다고 생각하면 된다.

충고든 잔소리든, 심지어 선의의 기대조차도 부담스럽다면 참고는 하되 휘둘리지 말고, 존중은 하되 절대적인 가치를 부여하지 말자.

말을 해줘야 하는 입장이라면 말하는 건 내 자유지만,

따를지 말지는 상대가 선택할 수 있다고 생각하자.

상대방의 자유를 존중해주면

스트레스와 갈등의 소지가 줄어든다.

> 우리는 거의 언제나 선택권을 가지고 있고,
> 그 선택이 훌륭할수록 우리의 인생을 더 잘 통제할 수 있다.
> _ 윌리엄 글래서

왜 똑같은 상황에서도 어떤 사람은 스트레스를 심하게 받고,

또 어떤 사람은 스트레스를 별로 받지 않는 것일까?

심리학자 제임스 H. 기어는 기발한 아이디어로 상황에 대한
통제감을 높이면 스트레스가 줄어든다는 사실을 증명했다.

그들은 실험 참가자들에게 사고를 당해 참혹하게 죽은 사람의
사진을 보여주었다.
한 집단에게는 사진을 보고 싶지 않으면 언제든지 버튼을 눌러
실험을 중단할 수 있다고 말했다.
또 다른 집단에게는 실험이 끝날 때까지 반드시 봐야 한다고
말하고 실험을 중지시킬 수 있는 버튼도 설치해주지 않았다.
그리고 사진을 보는 동안 받는 스트레스 정도를 알아보기 위해
피부의 전기저항 반응(GSR)을 측정했다.
똑같은 사진을, 똑같은 시간 동안 봤는데도 실험 결과 두 집단이
보인 반응은 완전히 달랐다.
싫으면 언제든지 실험을 중단할 수 있다고 생각한
첫 번째 집단은 그렇지 못한 집단에 비해 스트레스를 훨씬 적게
받은 것으로 밝혀졌다.

 누군가의 잔소리를 들으면서 '들을 수밖에 없다'는 생각을
'들어주겠다'로 바꿔보면 어떤 변화가 일어날까?

우리 모두는 영웅이다

꿈을 꾸고, 꿈을 이루는 것 못지않게
중요한 것이 있다.
자기 자신과 자기가 하는 일을 소중하게 여기면서
순간순간을 행복하게 사는 것이다.
자신을 남과 비교하지 마라.
그것은 자신을 모욕하는 것이다.
주어진 상황에서 나름대로 최선을 다하고 있는
우리 모두는 영웅이다.

위대한 랍비 주스야는 죽음을 맞이하는 순간 이렇게 말했다.
"저세상으로 가면 사람들이 내게 왜 모세처럼 살지 않았냐고 묻
지 않을 것이다. 그들은 내게 '왜 당신 자신으로 살지 못했습니
까?'라고 물을 것이다."

누구처럼 살지 못했다거나 큰 꿈을 이루지 못했다고
자책하지 마라.

미래의 성공만을 위해 현재의 행복을 포기하지 마라.

헤르만 헤세 역시 이렇게 말했다.

"자신의 길을 걷는 사람은 누구나 다 영웅이다. 자기가 할 수 있는 일을 진실하게 수행하며 사는 사람은 누구나 다 영웅이다."

경주에서 거북이가 토끼를 이긴 이유는 무엇일까?
잘 알고 있듯이 토끼가 낮잠을 잤기 때문이라고
말하는 사람이 많다.
하지만 조금 다른 관점에서 볼 필요가 있다.

나는 거북이가 토끼를 이긴 진짜 이유는 다른 데 있다고 본다.
토끼는 거북이를 경쟁자로 생각하고 경주에 임했지만
거북이는 토끼를 의식하지 않고 자기 페이스대로, 자기만의 길을
느긋하게 갔기 때문이다.
만약 거북이가 토끼를 경쟁자로 의식했다면 애당초 그 게임에
참여하지도 않았을 것이다.

> 너 자신이 돼라! 다른 사람은 이미 있으니까.
> _오스카 와일드

달팽이는 치타처럼 빨리 달리지 못한다고 좌절하지 않는다.

다람쥐는 하늘을 나는 참새를 결코 부러워하지 않는다.

모두 각자의 모습과 자기 방식대로 자기만의 삶을 즐길 뿐이다.

 놓치지 말아야 할 오늘의 내 소확행은 무엇인가?

멀리 가려면 쉬어 가라

무슨 일을 하든 지치지 않는 힘으로
오래 하려면 건강이 뒷받침되어야 한다.
건강을 지키려면 무엇보다 간간이
휴식을 취해야 한다.

망중투한(忙中偸閑)
바쁜 중에도 한가함을 훔쳐야 한다는 말이다.
여기서 핵심 포인트는 '훔쳐야 한다'는 것이다.
휴식은 시간이 날 때 취하는 것이 아니라
전략적으로 선택해야 한다.

나무를 많이 베려면 톱날 갈 시간을 따로 내야 하고, 멜로디를
만들려면 음과 음 사이에 쉼표를 찍어야 한다. 음과 음 사이에
쉼표가 없으면 소음이 된다.

무슨 일을 하든 쉬지 않고 무리하면 건강을 잃게 된다.

건강을 잃으면 아무리 하고 싶은 일도 어쩔 수 없이 중도에
그만두게 된다.

이런 아프리카 속담이 있다.
"빨리 가려면 혼자 가고, 멀리 가려면 함께 가라."
이 말을 살짝 바꾸면 이렇게 된다.
"조금 가려면 쉬지 말고, 멀리 가려면 쉬어 가라."

발명왕 에디슨은 이렇게 말했다.
"나는 생각이 벽에 부딪힐 때면, 해변이나 강가로 나가 낚싯줄을
드리운다."
에디슨이 발명왕이 된 것은 낚시를 하면서 휴식을 취한
덕분이고, 뉴턴이 만유인력의 법칙을 발견한 것은 사과나무 아래
누워 쉬고 있었던 덕분일지도 모른다.

> 이 세상에서 이루어진 가장 가치 있는 일들은
> 한가할 때 이루어졌다.
> _조지 버나드 쇼

캐나다에서는 해마다 벌목대회가 열린다. 이 대회에서는
전동 톱이 아닌 일반 톱만 사용할 수 있다. 모두가 자기만의 방식

으로 열심히 나무를 벴고, 마침내 순위가 결정됐다.

3등은 쉬지 않고 온 힘을 다해 나무만 벤 사람이었다.

2등은 매 시간 50분은 나무를 베고 10분은 휴식을 취하면서 힘을 보충한 사람이었다.

그럼 어떤 사람이 1등을 했을까? 그는 이렇게 말했다.

"저는 40분은 열심히 톱질을 했습니다. 그리고 10분은 편안하게 쉬었습니다. 그리고 나머지 10분은 무뎌진 톱날을 갈았습니다."

뭔가를 제대로 해내려면 지치지 않고 끝까지 견딜 수 있는 체력을 갖추어야 한다. 체력이 받쳐주지 않는 정신력과 결심은 허세에 불과하다.

잃어버린 건강은 우리가 함부로 다룬 우리 몸의 보복이다.

주기적으로 하던 일을 멈추고 휴식을 취하고 운동을 하라.

10분의 휴식, 5분의 산책과 1분의 스트레칭이 삶의 질을 바꾼다.

stop & rest!

 내가 하는 일을 더 잘하기 위해 언제 어떻게 쉼표를 찍어야 할까?

세상에서 가장 끔찍한 덫

있는지조차 의식하지 못해도
우리 머릿속에는 우리를 옭아매고 있는
뭔가가 박혀 있다.
바로 자기 자신에 대한 자기규정(Self-Definition)이다.
"타고나기를…." "나는 원래…." "내 주제에…."
이런 식의 자기규정은
우리의 정신 속에 깊이 박혀
우리의 태도와 행동 전반에 영향을 미친다.
세상에서 가장 끔찍한 덫은 우리 자신이 친 덫이다.

나치 수용소에서 구사일생으로 살아남아 《죽음의 수용소에서》를
쓴 정신과 의사 빅터 프랭클은 이렇게 말했다.
"사람들은 저마다 자기 안에 수용소를 갖고 있다."

스스로 못났다고 믿으면 못난 사람이 된다. 스스로 가치 있다고
믿으면 누가 뭐래도 가치 있는 일을 할 수 있다.

그래서 열등하지 않으면서도 열등감을 느낄 수 있고,
열등한데도 열등감을 느끼지 않을 수 있다.
사랑스러운 점이 많은데도 자기연민에 빠지는 사람이 있고,
별로 내세울 것이 없는데도 당당하게 살아가는 사람이 있다.
초라하게 여기는 것도, 자랑스럽게 여기는 것도
모두 자기 자신을 그렇게 규정하기 때문이다.

다른 삶을 원한다면 자기 자신을 이전과 다르게 규정해야 한다.
자기 자신에 대한 믿음이 바뀌면 그 새로운 정체성(identity)에
따라 태도와 행동이 자동적으로 바뀐다.
소중한 사람이 되고 싶은가?
그렇다면 '나는 소중한 사람이다'라고 규정하라.

자기규정을 바꿀 수 있는 가장 효과적인 방법은 어떤 자질을
갖고 싶을 때, 마치 그런 자질을 이미 갖고 있는 사람처럼
행동하는 **마치 ~인 것처럼 기법(As If Technique)**을
활용하는 것이다.

> 원수를 어떻게 사랑할까? 이미 사랑하고 있는 것처럼
> 행동하면 된다. 감정은 뒤따라올 것이다.
> _ 나폴레온 힐

즐겁고 싶으면 즐거운 것처럼, 친절한 부모가 되고 싶으면
친절한 부모인 것처럼, 자존감을 높이고 싶다면 자존감이 높은
사람인 것처럼 행동하면 된다.
행동을 바꾸면 그 행동에 따라 생각과 태도가 바뀌기 때문이다.

열등감에서 벗어나고 싶다면 열등감과 정반대로 행동하라.
매력 있고 자신감 넘치고 행복한 사람처럼 행동하라.
그러다 보면 정말로 자기 자신에게 매력을 느끼게 된다.
행복하게 느껴지고 자신감이 넘친다.
어떤 모습을 원하건 마치 그런 사람인 것처럼 행동하라.
자신이 그런 사람이라고 믿고 행동하면 진짜 그런 사람이 된다.

Q 지금까지의 나는 어떤 사람이고, 지금부터의 나는 어떤
사람인가?

과거의 나: 나는 _____ 사람이었다.

지금부터의 나: 나는 _____ 사람이다.

자신을 사랑하는 사람들이 알고 실천하는 것 10가지

1. 자신을 사랑해야 다른 사람도 사랑할 수 있음을 안다.
2. 완벽을 추구하기보다는 자기가 하는 일과 과정을 즐긴다.
3. 현재를 즐기면서 자기 자신을 위해 투자할 줄 안다.
4. 가끔은 제3자의 입장에서 자기 자신을 객관화해 바라본다.
5. 행복 바이러스를 전염시켜 함께하는 사람도 행복하게 만든다.
6. 갖지 못한 것이 아니라 갖고 있는 것에 초점을 맞춘다.
7. 자기 자신과 주고받는 내면의 대화(Self-Talk)가 긍정적이다.
8. 남을 미워하면 자신의 마음이 미워진다는 것을 안다.
9. 부당하거나 무리한 요청을 받으면 지혜롭게 거절할 줄 안다.
10. 아무리 바빠도 건강을 돌보고 휴식을 취할 시간을 낸다.

2부

더불어 살아가기

함께 나눌 수 없다면
아무리 크게 이루어도 의미가 없다

다 안다고 착각하지 마라

인간관계에서 일어나는 가장 치명적인 문제는
지레짐작과 예단이다.
상대의 마음을 지레짐작하면서
독심술사처럼 다 안다고 착각하지 마라.
오해는 상대를 모르면서도
다 안다고 착각하는 데서 시작되고
갈등의 해결은 모른다는 사실을
아는 것으로부터 시작된다.

'내가 모를 줄 알고?' '뻔하지….' '안 봐도….' '틀림없이….'
관계와 소통에서 일어나는 가장 치명적인 문제로, 상대의 마음을
다 안다고 착각하는 것을 **독심술(Mind-Reading)의 오류**라고
한다. 이는 특히 가족과 같이 가까운 사이에서 더 잘 나타난다.
오랫동안 함께 지내서 잘 안다고 착각하기 때문이다.

장자크 루소는 이렇게 말했다.

"무지로 인해 길을 헤매는 경우는 없다. 그저 안다고 믿기 때문에
길을 잃을 뿐이다."
그렇다. 모른다고 생각해서 문제가 되는 경우는 없다.
제대로 알지도 못하면서 다 안다고 착각하기 때문에 오해와
갈등이 생긴다.

독심술의 오류를 해결하는 가장 효과적인 방법은
아무리 가까운 사이라도 상대방의 마음을 다 알 수 없다는
사실을 인정하는 것이다
이해가 되지 않으면 지레짐작하면서 예단하지 말고, 정중하게
상대방의 의중을 물어보자.
상대방이 알아주기를 기다리지 말고 자기 생각을 진솔하게 표현
하자.
'제대로 모른다'는 사실을 아는 것, 갈등 해결과 관계 발전에
이보다 더 중요한 것은 없다.

> 당신을 곤경에 빠뜨리는 것은 당신이 모르고 있는 것이 아니라
> 그럴 리 없다고 확신하고 있는 것이다.
> _ 마크 트웨인

딸아이가 중학교에 다닐 때였다.

학원 끝나는 시간에 맞춰 데리러 와달라는 문자가 왔다.
거기까지 가려면 시간도 촉박하고 그 부근의 도로가 복잡해서
살짝 짜증이 났다.

부랴부랴 차를 몰아 학원 앞에 도착했으나 딸아이의 모습이
보이지 않았다. 비상등을 켜고 전화를 하려고 하는데 뒤에서
버스들이 비키라고 경적을 울려댄다. 딸이 전화를 받자마자
신경질적으로 소리쳤다.
"너 뭐 하니? 빨리 나와!"
헐레벌떡 뛰어오는 아이에게
"너는 미리 나와서 기다리던지 해야지!" 했더니 아이가 말했다.
"나는 아빠가 도착하면 전화할 줄 알았지, 학원에서 공부하고 있
었는데…."

나는 학원 끝날 시간이 지났으므로 틀림없이 딸아이가 친구들과
수다를 떨고 있다고 지레짐작했던 것이다.
20년이 지난 일이지만 지금 생각해도 부끄럽고 미안하다.
○○아, 미안해!

 지레짐작해서 상대방을 오해하거나
사이가 나빠진 일 한 가지만 찾아본다면?

다른 것=나쁜 것?

성별, 나이, 배경, 직업, 취향, 피부색,
생김새, 꿈, 철학, 생각…
인간관계에서 갈등을 줄이고 좋은 관계를
유지하기 위해서는 무엇보다 먼저
'사람은 모두 다르다'는
사실을 인정해야 한다.
그리고
머릿속에서 '다른 것 = 나쁜 것'이라는
공식을 삭제해야 한다.

"피어싱은 날라리나 하는 거야."
"어쩌면 저렇게 유치한 드라마를 좋아할까?"
갈등은 대개 이런 식으로 시작된다.
아들은 피어싱을 하겠다고 하고, 엄마는 말린다.
아내는 드라마를 좋아하고 남편은 다큐멘터리를 좋아한다.
아들과 엄마, 어느 쪽도 틀린 것이 아니다.

단지 세대 간 문화와 관점이 다르고, 취향이 다를 뿐이다.

아내의 선택에는 아무런 잘못이 없다.

남편과 다른 것에서 즐거움을 찾을 뿐이다.

갈등은 차이를 '나쁜 것'이나 '틀린 것'으로 보는 데서 시작된다.

전 세계 인구 중 똑같은 사람은 단 한 명도 없다.

생김새가 다르듯 생각도 모두 다르다.

사람은 모두 다르다는 사실을 받아들이지 못하면 바로 그때부터
관계에 금이 가기 시작한다.

다른 것을 나쁜 것으로 비난하는 것은 돼지가 코끼리에게 너는
왜 그렇게 쓸데없이 코가 기냐고 비난하는 것과 같다.

다름을 인정하고 차이를 비난하지 않는 것,

있는 그대로 인정하면서 그가 원하는 것을 입게 해주고,

원하는 대로 살게 해주는 것이 진정한 이해이고, 사랑이다.

릴케가 말했듯이 가장 가까운 사람들 사이에도 무수한 차이가
존재함을 깨닫게 되면 삶이 훨씬 더 즐거워진다.

이기주의란 내가 원하는 대로 사는 것이 아니라,
사람들에게 내가 원하는 방식으로 살라고 요구하는 것이다
_오스카 와일드

⊕ 사람들에게 '+' 카드를 보여주면…

사람들에게 '+'가 그려진 카드를 보여주면
뭐라고 말할까요.
수학자는 덧셈이라 하고
산부인과 의사는 배꼽이라고 말할 수 있습니다.
그리고 목사님이나 신부님은 십자가라 할 것이고
교통경찰은 사거리라고 할 것입니다.

왜 그런 걸까요?
사람은 누구나 다 자기 관점에서 바라보기 때문입니다.
한마디로 그들이 말하는 것은
틀린 것이 아니고 다른 것일 뿐입니다.
그래서 사람은 서로를 비판의 대상으로 보는 것이 아니라
이해의 대상으로 봐야 합니다.

_출처: 따뜻한 편지 793호

 다른 것을 나쁜 것으로 생각해서 문제가 되었던
경험 한 가지를 찾아본다면?

아픈 진실은 건드리지 않는다

성인군자나
돌부처 같은 사람도
절대 건드려서는 안 되는 핵심 콤플렉스가 있다.
좋은 관계를 원한다면
아무리 가까운 사이라도
상대의 역린(逆鱗)을 건드리면 안 된다.
인간관계가 원만한 사람은
상대의 민감한 부분을 헤아릴 줄 안다.

'대화를 많이 하라.' '솔직하게 말하라.'
인간관계를 다루는 책이라면 꼭 나오는 약방의 감초 같은
말이다. 하지만 배려 없는 솔직한 표현은 관계를 파탄 내는 독이
된다.

"다 너를 위해서 하는 말인데" 하면서 상대방의 아픈 곳을
건드리거나, "내가 뭐 틀린 말 했어?"라고 되물으면서 찌른 곳을

또 찌르는 습관이 있다면 다음과 같은 프랑스 속담을 명심하라.

"진실만큼 마음에 거슬리는 것은 없다."

팩트 폭격으로 남의 아픈 곳을 찔러대는 사람을 좋아할 사람은 아무도 없다.

상대방이 몰라주기를 바라는 것은 웬만하면 모른 척 넘어가자. 도움이 될 거라 생각해도 상대가 싫어하는 주제는 건드리지 말자. 단점을 지적해달라고 부탁할 때도 노골적으로 단점만 지적하기보다 단점 속에 감춰진 장점을 찾아주자.

> 상처를 건드리는 진실보다
> 상처를 쓰다듬는 거짓이 더 낫다.
> _체코 속담

《한비자》의 세난(說難: 설득의 어려움) 편에 이런 얘기가 있다.

"용은 순한 짐승이다. 길들이면 사람이 타고 다닐 수도 있다. 그러나 용의 목 근처에 있는 거꾸로 난 비늘(역린)을 건드리는 자가 있으면 용은 반드시 그 사람을 물어 죽여버린다. 군주에게도 이 역린이 있으니 임금에게 유세(의견을 제시하고 설복)하려는 사람은 이 역린을 건드리지 말아야 한다."

사람들에게는 저마다의 역린이 있다.

무슨 소리를 해도 다 받아줄 것 같은 호인도 어떤 특정한 부분을
지적당하면 못 견디고 화를 내는 경우가 있다.

그것이 그 사람의 역린이며,

요즘 말로는 핵심 콤플렉스(Core Complex)이다.

다른 사람과 좋은 관계를 유지하면서 설득력이 남다른 사람은
상대방이 자극받기 싫어하는 민감한 부분을 헤아릴 줄 알고
그것을 건드리지 않는다.

 상대의 아픈 곳을 건드려 상처 준 일을 떠올려본다면?

모르는 척 넘어가주기

상대가 문제를 일으키거나
잘못을 숨기고 싶어 할 때,
즉시 잘못을 지적하거나 무안을 주기보다
때로는 모르는 척 넘어가주는 것이
훨씬 더 효과적일 수 있다.
왜냐하면
모르는 척 넘어가면
상대가 미안함을 느끼고 반성하면서
자발적인 변화를 시도하기 때문이다.

어떤 사람들은 상대가 언제 잘못을 할지 예의주시한다. 그러다가
걸리기만 하면 가차 없이 지적하고 혼을 낸다. 이런 경우에는
역효과가 날 가능성이 더 높다.

자주 지적받거나 심하게 혼나면 자존심이 상하고 그로 인해
반발심이 발동하기 때문이다.

마음의 평화를 유지하면서 상대를 변화시키는 가장 좋은 방법은 알면서도 모르는 척 넘어가는 지이부지(知而不知)의 지혜를 발휘하는 것이다. 하지만 모르는 척하고 넘어가주기, 결코 쉬운 일이 아니다. 그건 나도 마찬가지다.

그래서 성철 스님도 이렇게 말씀하셨나 보다.
"어려움 가운데 가장 어려운 것은 알고도 모르는 척하는 것이다."

> 어떤 상황에서는 아예 모르는 게 가장 좋고,
> 만일 알게 되더라도 모르는 척하는 게 더 낫다.
> _ 요나스 요나손

아들이 고등학교에 다닐 때였다.
세탁을 하려고 아이가 벗어놓은 옷 주머니를 뒤졌는데 담배가 나왔다면서, 아내가 걱정했다. 한 번 입에 대면 금연이 얼마나 힘든지 익히 알고 있던 터라 나도 몹시 당황스러웠다.
'이걸 어떻게 해야 하나…'

그 순간 한 여성 작가의 이야기가 떠올랐다.
그녀는 20대 때 담배 피우는 장면을 보고도 모르는 척 넘어가준 아버지 덕분에 담배를 완전히 끊었고 금연 홍보대사로 활동하고 있다고 했다. 그러면서 아버지가 그때 크게 혼을 냈다면 골초가 되었을지도 모른다고 했다.

나도 모른 척하기로 했다.

며칠 후 아이의 어깨를 감싸 안고 부드럽게 얘기해줬다.

"엄마가 네 옷 주머니에서 담배가 나왔다고 많이 걱정하더라. 아빠도 담배를 피워봐서 하는 말인데, 우리 아들은 담배를 피우지 않았으면 좋겠다. 한 번 입에 대면 끊기가 너무너무 어렵거든."

그 후 아들의 주머니에서 담배가 나온 적은 한 번도 없다. 물론 어른이 된 지금도 담배를 피우지 않는다.

 알면서도 모르는 척 넘어가서 결과가 좋았던 일
한 가지를 찾아본다면?

너무 멀지도 않게, 가깝지도 않게

아무리 친한 사이라 해도
적당한 거리를 유지해야 한다.
아무리 친하고 사랑하는 사이라도
그 사람이 허락하지 않는 한
그 사람의 개인 영역을 침범하지 말아야 한다.
상대가 누구든 너무 멀지도 않게,
너무 가깝지도 않게
적당한 거리를 유지하라.

친밀한 관계라는 이유로 상대의 사적인 영역을 침범하는 경우가
많다. 하지만 아무리 친한 사이라도 침해당하고 싶지 않은 영역
(개인 공간)이 있다. 물리적 공간뿐 아니라 프라이버시도 중요한
'개인 공간'이다.

상대가 말하고 싶어 하지 않는 부분까지 시시콜콜 알려고 하는
것은 관심이 아니라 일종의 침범이다.

도움을 청하지 않은 일까지 일일이 관여하는 것은 배려가 아니라 간섭이다. 그것은 상대가 지키고 싶어 하는 경계를 넘는 무례한 행동이다.

너무 멀리하면 남이 되기 쉽다.
너무 가까이하면 상처를 주기 쉽다.
그러니 누구하고든 좋은 관계를 오래 유지하고 싶다면
너무 멀지도 않게, 너무 가깝지도 않게,
적당히 거리를 유지해야 한다.

배 두 척이 먼 길을 함께 가려면 세 가지 요소가 필요하다.
첫째, 같은 목적지.
둘째, 각자의 연료.
셋째, 적당한 거리.
좋은 관계를 오래 유지하는 사람들은 이 세 가지를 갖추고 있다.

파트너와 가깝다고 해서
사적인 경계선을 무시해도 되는 것은 아니다.
_스티븐 카터

⊕ 함께 있되 거리를 두라

함께 있되 거리를 두라.

그래서 하늘과 바람이 너희 사이에서 춤추게 하라.

서로 사랑하라. 그러나 사랑으로 구속하지는 마라.

그보다 너희 혼과 혼의 두 언덕 사이에 출렁이는 바다를 놓아두라.

서로의 잔을 채워주되 한쪽의 잔만을 마시지 마라.

서로의 빵을 주되 한쪽의 빵만을 먹지 마라.

함께 노래하고 춤추고 즐거워하되 서로는 혼자 있게 하라.

마치 현악기의 줄들이 하나의 음악을 울릴지라도

줄은 서로 혼자이듯이.

서로 가슴을 주라. 그러나 서로의 가슴속에 묶어두지는 마라.

오직 큰 생명의 손길만이 너희의 가슴을 간직할 수 있다.

함께 서 있으라. 그러나 너무 가까이 서 있지는 마라.

사원의 기둥들도 서로 떨어져 있고

참나무와 삼나무는 서로의 그늘 속에선 자랄 수 없다.

_ 칼릴 지브란

 주변에 오랫동안 좋은 관계를 유지하고 있는 사람이 있다면,
그 비결은 무엇인가?

좋아하는 일을 해주는 것보다

열 번 잘해도
한 번 잘못하면
돌아서는 게 사람이다.
그래서 좋은 관계를 오랫동안 유지하려면
상대방이 좋아하는 일(말)을 해주는 것보다
싫어하는 일(말)을 하지 않는 것이
훨씬 더 중요하다.
사랑은 상대가 싫어하는 것을
하지 않는 것이다.

"모든 것을 솔직하게 털어놓는 것이 행복한 결혼생활을 보장한다
는 것은 미신이다."
결혼생활을 1년이라도 해본 사람이라면 가족치료 전문가, 제프리
레어슨의 이 말에 동의할 것이다.
갈등이 심각한 부부를 만나보면 대화가 없어서가 아니라 대화가
너무 많아서 문제가 되는 경우가 흔하다.

그들의 대화는 부정적인 감정을 노골적으로 표현하는 경우가
너무 많다.

그들 중에는 상대방이 싫어하는 말이나 행동을 하는 데 도가 튼
사람들이 의외로 많다.

상대방이 좋아하는 일을 아무리 많이 해줘도 상대방이 싫어하는
일을 한 번만 하면 한순간에 관계가 무너진다.

사람들은 긍정적 자극보다 부정적 자극에 훨씬 더 민감하게 반응
한다. 이를 심리학에서는 **부정성 효과**(Negativity Effect)라고 한다.

관계의 질은 해야 할 일을 잘해주는 것보다 하지 말아야 할 일을
하지 않는 것에 의해 더 많이 좌우된다.

관계는 상대가 좋아하는 것을 해주는 것으로 시작되지만,

관계의 유지 여부는 상대가 싫어하는 것을 얼마나 하지 않느냐로
결정된다.

만일 상대가 싫어하는 일을 이미 해버렸다면 어떻게 해야 할까?

그로 인한 부정성 효과를 '좋아하는 일'로 상쇄시키면 된다.

> 하지 말아야 할 사항들을 모두 알게 된 사람은
> 반드시 해야 할 일을 할 수밖에 없다.
> _ E. W. 스크립스

부부 상담 전문가인 존 고트먼 교수는

700쌍 이상 부부들의 대화 모습을 촬영하고 이를 분석해 행복한

결혼생활과 이혼 여부를 결정짓는 가장 중요한 변수를 찾아냈다.

그것은 긍정적인 대화와 부정적인 대화의 비율이었다.

분석 결과, 금실이 좋은 부부들은 비난이나 무시 같은 부정적인

발언을 한 번 했다면 격려나 칭찬 같은 긍정적인 표현을 적어도

다섯 번 이상 하는 것으로 나타났다.

반면 긍정적인 대화와 부정적인 대화의 비율이 5:1 이하로

떨어지면 결혼생활에 금이 가기 시작했다.

고트먼 박사는 이를 **마법의 비율 5:1**이라고 명명했다.

행복한 결혼생활을 원한다면 상대방에게 부정적인 메시지

하나를 전달할 때마다 적어도 다섯 개 이상의 긍정적인 메시지를

전달해야 한다.

좋은 관계를 길게 유지하는 사람은 상대가 좋아할 일(말)을

해주는 것보다 싫어할 일(말)을 하지 않는 것이

훨씬 더 중요하다는 진리를 안다.

 현재 내 곁에 있는 소중한 사람이 싫어하는 말과 행동은
무엇인가?

나를 불행하게 만들고, 남을 화나게 하는 법

우리 자신을
불행하게 만드는 것은 쉽다.
나보다 나은 사람을 찾아내
그와 비교하면 된다.
누군가를
화나게 만드는 것 역시 쉽다.
그 사람이 자랑스럽게 생각하는 것
한 가지를 말하게 한 다음
그보다 더 잘하는 사람이 있다고
얘기해주면 된다.

"남편들이 가장 싫어하는 사람은 누구일까?"
한 여성잡지가 설문조사를 한 결과, 1위는 '이웃집 남자'였다는
이야기가 있다. 인터넷에 떠도는 유머지만 실제로 상담해보면
가족 간 갈등을 유발하는 중요한 요인 중 하나가
누군가와 '비교'하는 것이다.

우리는 사실에 근거하고 설득력을 높이기 위해,

그리고 더 분발하기를 바라는 마음으로 더 나은 누군가와

비교하면서 상대의 문제를 지적한다.

하지만 이럴 때 원하는 것을 얻기는커녕 잃는 것만 수두룩하다.

> 부자란 그의 동서보다
> 돈을 더 많이 버는 사람을 가리킨다.
>
> _ 헨리 루이스 멘켄

비교는 세 사람을 잡는다.

첫째, 비교당하는 사람. 둘째, 비교 대상, 셋째, 비교하는 사람.

실제로 많은 사람들이 비교과정을 통해 자신을

불행하게 만들고, 관계를 망치는데,

이를 **비교의 함정**(Comparison Trap)이라고 한다.

불행해지고 싶은가?

더 나은 사람과 자신을 비교하라.

누군가를 기분 나쁘게 만들고, 그로부터 미움을 받고 싶은가?

수시로 그를 더 나은 사람과 비교하라.

지혜로운 사람은 상대방을 더 나은 사람과 비교하지 않는다.

상대방을 다른 사람과 비교하면 왜 사이가 나빠질까?

자존심이 상하고 기분이 나빠지기 때문이다.

심리학자 모스는 다른 사람과 비교를 당하면 즉각적으로
자존감이 떨어진다는 것을 가정하고 이를 실험으로 증명해냈다.
실험 참가자들은 구직 면접에 참여한 사람들이었다.
이들 중 절반에게 말쑥하게 차려입어 매우 유능하게 보이는 다른
지원자들과 함께 면접을 보게 했다.
나머지 절반은 단정치 못하고 횡설수설하는 지원자들과 함께
면접을 보게 했다. 모든 피험자들에게 구직 면접 전과 면접 후 자
기 존중감 검사를 실시했다.

그 결과 말쑥하고 말도 잘하는 지원자들과 함께 면접을 본
피험자들은 자기존중감이 현저하게 낮아졌다.
반면 허술한 복장에 말도 잘 못하는 지원자들과 함께 면접을 본
피험자들은 자기존중감이 높아졌다.

 비교를 당해서 기분 나빠지고 그 사람이 싫어졌던 일,
한 가지만 떠올려본다면?

마음으로 조각하는 피그말리온

사랑스럽게 대하면
사랑스러운 사람이 된다.
잘할 수 있다고 진심으로 믿어주면
언젠가 잘하게 된다.
우리가 만나는 사람들의 태도와 행동은
우리가 그를 어떻게 기대하고
어떻게 대하느냐에
따라 달라진다.
우리 모두는 누군가를 마음으로 조각하는
피그말리온(Pygmalion)이다.

그리스 신화에서 피그말리온은 자신이 상아로 조각한 여인상이
너무 아름다워 이 조각상을 마치 살아 있는 연인처럼 정성을
다해 보살핀다.
결국 그가 원한 대로 조각상이 진짜 사람으로 변신하는 기적이
일어나 그 조각상과 결혼까지 하게 된다.

이처럼 어떤 사람에 대한 깊은 믿음과 기대가 그 사람을 긍정적으로 변화시키는 것을 심리학에서는 **피그말리온 효과**(Pygmalion Effect)라고 한다.

프로이트는 《꿈의 해석》에서 자신이 위대한 사람이 되려고 노력했던 것은 "너는 장차 위대한 인물이 될 것이다"라는 어머니의 믿음 때문이라고 말했다.

친구들로부터 따돌림을 당하고 엉뚱한 실수를 저지르기 일쑤인 레오나르도 다빈치에게 그의 할머니는 항상 이렇게 말했다. "넌 무슨 일이든 해낼 수 있어. 할머니는 너를 믿는다."

> 사람들은 언제나
> 당신이 기대하는 만큼만 성과를 낸다.
> _스털링 리빙스턴

정말 기대한 대로 사람이 달라질 수 있을까?
하버드대학교의 심리학과 교수 로젠탈은 피그말리온 효과가 학생들의 태도는 물론 IQ까지 변화시킬 수 있다는 것을 기발한 아이디어로 증명해냈다.
그는 초등학교 교사들에게 여러 가지 심리 검사에서 잠재력이

뛰어나다고 확인된 학생들이라면서 명단을 건넸다. 그리고
이 사실을 학생이나 학부모에게는 알리지 말라고 당부했다.
사실 그 명단은 심리검사나 성적과는 상관없이 무작위로 선발한
것이었다. 그리고 1년 후 그 학생들을 다시 평가했다.
그 결과, 1학년의 경우 잠재력이 뛰어나다고 기대됐던 아이들은
IQ가 24점이나 올랐다. 그리고 다른 학생들에 비해 대인관계 등
학교생활 전반에 긍정적인 변화가 훨씬 더 뚜렷하게 나타났다.
원래 기대집단의 아이들과 비교집단의 아이들은 능력 면에서
차이가 없었다.

로젠탈은 자신의 실험 결과를 이렇게 요약했다.
"우수하다고 기대하면서 가르치면 결국 우수하게 성장한다. 교사
는 마음으로 학생들을 조각하는 교실 안의 피그말리온이다."
우리 모두는 누군가를 마음으로 조각하는 조각가다.

 피그말리온 효과로 내가 달라진 적이 있다면
그건 누구로부터 어떤 믿음과 기대를 받았기 때문인가?

가불칭찬의 위력

칭찬은
칭찬받을 만한 일을 했을 때
하는 것이라고 생각하기 쉽다.
하지만
미리 당겨서 가불칭찬을 하면
더 놀라운 효과를 발휘한다.
사랑도 마찬가지다.

'너는 정말 마음이 넓은 것 같아.'
이런 말을 들으면, 그 친구 앞에서는 나도 모르게
마음이 넓은 사람이 된다.
'부장님은 정말 자상하세요.'
이런 말을 들으면 그 직원에게 자상하지 않을 수가 없다.

사람은 칭찬을 받으면, 칭찬받을 일을 하게 된다는 사실을 잊지
말자.

사랑스럽게 행동하기 때문에 사랑스럽다고 하지만,
사랑스럽다고 말해주면 사랑스럽게 행동하게 된다.

아무리 기다려도 잘할 것 같지 않은 사람에게도 미리 당겨서
칭찬하고 사랑스럽게 대하다 보면 그는 칭찬받을 일을 하게 되고
사랑스러운 모습으로 변하게 된다.

상대를 현재의 모습대로 대해주면 그는 현재 상태를 계속 유지할
것이다. 하지만 그 안에 잠재한 가능성대로 대해주면 언젠가는
그 가능성을 드러내 보여줄 것이다.
자녀도, 부모도, 배우자도, 부하직원도, 고객도, 상사도, 시어머니
도, 며느리도….

> 나는 선한 사람을 선하게 대한다.
> 선하지 않아도 선하게 대함으로써 선을 얻는다.
> _ 노자

데일 카네기는 《인간관계론》에서 어떤 사람의 문제점을
바로잡으려면 직설적으로 문제를 지적하기보다 앞당겨 칭찬하는
우회전략이 훨씬 더 효과적이라는 것을 다음과 같은 멋진 사례를
통해 알려준다.

공사 현장을 잔뜩 어질러놓고 퇴근하는 인부들로 하여금 뒷정리를 깔끔하게 하도록 하려면 어떻게 해야 할까? 로드아일랜드에 사는 제이콥 부인의 경험담을 들어보자.

공사를 시작하고 처음 며칠 동안 정원은 인부들이 내팽개치고 간 잡동사니들로 가득했다. 제이콥 부인은 인부들에게 잔소리를 하는 대신 인부들이 떠난 후 아이들과 함께 나뭇조각 등을 주워 한 쪽에 가지런히 정리해두었다.

그리고 다음 날 아침, 공사 담당자에게 이렇게 말했다.
"일하는 분들이 뒷정리를 저렇게 깨끗하게 해줘서 정말 감사합니다. 그래서 이웃사람들에게도 폐가 안 되었어요."
그날 이후 인부들은 작업이 끝나면 깔끔하게 뒷정리를 하고 돌아갔다.

 앞당겨서 칭찬해주고 싶은 사람은 누구이며, 예상되는 반응은 무엇인가?

누군가를 변화시키고 싶다면

어떤 사람을 변화시키는
가장 효과적인 방법은
그 사람을 진심으로 좋아하는 것이다.
왜냐하면
사람은 자기를 좋아하는 사람을 좋아하고
좋아하는 사람이 하는 말은 판단할 필요를 느끼지
않기 때문이다.

설득을 하려면 상대방이 우리의 말뿐 아니라 우리 자체를 믿어야
한다.
믿음이 안 가는 사람이 아무리 좋은 말을 해도 상대는
받아들이지 않기 때문이다.

상대가 우리를 믿게 하는 가장 좋은 방법은 그가 우리를
좋아하게 만드는 것이다.
그리고 그가 우리를 좋아하게 하는 가장 효과적인 방법은 우리가

먼저 그를 진심으로 존중하고 좋아하는 것이다.

사람은 자기를 좋아하는 사람을 좋아하기 때문이다.

어떤 사람이 좋아지면 그 사람이 하는 말과 행동은 물론 관련된 사물까지도 좋아진다.

이를 **감정전이**(Transfer of Affect) **현상**이라고 한다.

인간은 원래 합리적인 존재가 아니다.

단지 합리적이려고 애를 쓰는 존재일 뿐이다.

> 어떤 사람을 변화시키는 데
> 그를 진심으로 좋아하는 것보다 더 효과적인 방법은 없다.
> _이민규

진심으로 좋아하는 것은 인간관계에서만 중요한 것이 아니다.

60세가 넘어서 사진을 공부하기 시작해 인물사진의 대가가 된 사토 도미오(佐藤富雄)에게 기자가 물었다.

"선생님. 인물사진을 잘 찍으려면 어떤 기술이 가장 중요할까요?"

그는 이렇게 대답했다.

"기술보다 더 중요한 것이 있습니다. 그것은 촬영자가 피사체를 좋아해야 한다는 것입니다. 카메라의 눈은 정직합니다. 촬영자가 피사체에 관심도 없고 애정도 느끼지 않는다면, 그런 메마른 감정이 사진에도 그대로 나타납니다."

무슨 일을 하든 그 일로 행복하고 성공하려면 두 가지 전제조건을 충족시켜야 한다.
첫째, 그 일을 좋아하는 것이다.
둘째, 그 일과 관련된 사람을 좋아하는 것이다.

 설득하고 싶은 사람 한 명을 떠올려보라. 그리고
자문하라. "나는 그 사람을 진심으로 좋아하고 있는가?"

더 친해지고 싶은가?

적을 만들고 싶은가?
그렇다면 그 사람이 좋아하는 것을
싫어하라.
그를 친구로 만들고 싶은가?
그렇다면 그 사람이 좋아하는 것을
좋아하라.
사람은 자기가 좋아하는 것을
싫어하는 사람을 싫어하고,
자기가 좋아하는 것을 좋아하는 사람을
좋아한다.

그것도 취미라고…. 그런 게 맛있어? 그 스타일 좀 바꾸면 안 돼?
왜 하필 그런 일을…. 당신 친구(가족)는 다 싫어. 너희 학교(고향)
출신들 왜 다 그 모양이니?
아무리 좋아하는 사람이라도 이런 말을 듣게 되면, 그 순간
그 사람이 싫어진다.

취미나 취향, 하고 있는 일이나 직업, 가족이나 친구,
소속된 조직이나 출신 배경… 자기와 관련된 이 모든 것들이
확장된 자기개념(Extended Self-Concept)에 포함되기 때문이다.

> 우리는 자기가 좋아하는 것을 싫어하는 사람을
> 본능적으로 싫어한다.
> _ 이민규

사랑이란 그 사람 자체뿐 아니라 그 사람이 자기의 일부라고
느끼는 것까지 좋아하는 것이다.
누군가와 함께할 때는 당신이 좋아하는 것만 찾지 말고
때론 상대가 좋아하는 것도 따라서 좋아해보자.

아내와 TV를 볼 때는 뉴스나 다큐멘터리만 고집하지 말고,
아내가 좋아하는 드라마나 가요 프로그램도 함께 즐겨보자.

자녀와 대화할 때는 자녀가 싫어하는 공부 얘기만 하지 말고,
자녀가 좋아하는 친구와 가수에 대해서 관심을 갖고 물어보자.

친구와 식사할 때는 당신이 먹고 싶은 것만 고집하지 말고,
친구에게 메뉴 선택권을 양보하고 기꺼이 그 음식을 음미해보자.

함께하는 사람이 좋아하는 것을 좋아할 수만 있다면
우리는 더욱 가까워지고,
우리가 즐길 수 있는 세계는 더욱 넓어질 것이다.
더불어 살 줄 아는 사람은 상대가 좋아하는 것을 좋아할 줄 안다.

 어떤 사람이 좋아하는 것을 나쁘게 평가하거나
싫다고 해서 그 사람을 불쾌하게 만든 경험 한 가지를
떠올려본다면?

대화 중 가장 많이 들리는 목소리는?

대화하면서 가장 자주 들리는 소리가
자기 목소리라면
그로 인해 잃는 것이
무엇인지 냉정하게 생각해봐야 한다.
세상은
말 잘하는 사람보다
잘 들어주는 사람을
좋아한다.

사람을 움직이려면 그의 마음을 열어야 하고, 그러려면 내 귀를
먼저 열어야 한다.
사람을 움직이는 힘은 입이 아니라 귀에서 나온다.

좋은 관계를 유지하고 싶은가?
그렇다면 말을 하는 것보다 두 배는 더 많이 들어야 한다.
그래서 입은 하나고, 귀는 둘이다.

끌리는 사람의 대화비결 1:2:3법칙

1: 1분 동안 말을 했다면

2: 2분 이상 상대방의 말을 귀 기울여 듣고

3: 적어도 세 번은 진심을 담아 공감하는 리액션(반응)을 하라.

리액션 중에서 가장 효과적인 리액션은 적절하게 질문하는
것이다. 잘 들으려면 그저 입을 꾹 닫고 듣기만 하는 것이 아니라
상대방이 기꺼이 말하고 싶도록 적절한 질문을
할 수 있어야 한다.

상대가 자랑스럽게 생각하는 것, 잘하거나 좋아하는 것에 대해
물어주면 아무리 말이 없는 사람도 금방 수다쟁이가 된다.

애정을 갖고 들어주면서 상대가 말하고 싶은 것을 찾아
적절하게 질문할 줄 아는 사람은 누구나 좋아할 수밖에 없다.

> 듣고 있으면 내가 이득을 얻고,
> 말하고 있으면 남이 이득을 얻는다.
>
> _아랍 속담

⊕ 현명한 사람이 대화 중 절대 하지 않는 10가지

1. 처음부터 끝까지 자기가 하고 싶은 이야기만 늘어놓는다.

2. 상대방의 말을 중간에 끊고 화제를 바꾼다.

3. 상대가 거부감을 느끼는 주제를 찾아 화제로 삼는다.

4. 맞장구 대신 엇장구를 쳐서 대화에 김을 뺀다.

5. 딴 생각을 하고 있다가 이미 했던 얘기를 되묻는다.

6. 상대가 어떤 말을 하건 시큰둥한 태도를 보인다.

7. 눈을 맞추거나 고개를 끄덕이지 않고 웃지도 않는다.

8. 수시로 휴대폰을 들여다보고 다리를 떨거나 하품을 한다.

9. 말하는 사람 대신 다른 사람에게 관심을 보인다.

10. 내 말은 옳고 상대가 틀렸다는 것을 기를 쓰고 증명한다.

 듣는 것보다 말하는 것이 더 많을 때 내가 잃게 되는 것은 무엇일까?

누군가 다가오길 원한다면…

유리는 빈틈이 없기에
물을 받아들이지 못한다.
하지만
스펀지는 그 안에 공간을 갖고 있기에
물을 빨아들일 수 있다.
누군가가 다가오게 하려면
우리 안에 그가 들어올 수 있는
빈틈을 마련해두어야 한다.

언젠가 한 취업 관련 사이트에서 직장인들을 대상으로
'이런 사람은 100% 왕따'라는 설문조사를 했다.
조사 결과 왕따 1순위는 '잘난 체하는 사람'이었다.

우리는 잘난 체하거나 완벽한 사람보다 가끔 실수하거나 허점을
보이면서 겸손한 태도를 가진 사람을 훨씬 더 좋아하는데
이를 **실수 효과**(Pratfall Effect)라고 한다.

잘난 면이 있다는 것은 좋은 것이다.
잘난 면을 과시하고 싶은 것은 당연한 일이다.
하지만 잘난 면만 내세우면 바로 그것이 화근이 된다.

너무 주목을 끌려고 하지 마라.
너무 완벽한 모습만 보이려 하지 마라.
가끔 빈틈을 보이면서 겸손하게 자신을 낮추면 주위에 더 많은
사람이 모이게 된다.

> 우리는 완벽한 사람보다 약간 빈틈 있는 사람을 좋아한다.
> 실수나 허점이 오히려 그 사람의 매력을 증진시키기 때문이다.
> _E. 애론슨

독일의 만하임대학교 연구팀은 가상 시나리오와 실제 상황
모두에서 실수 효과를 확인했다.
수백 명의 실험 참가자들에게 자신이 취약점을 드러내거나 다른
사람의 허점을 관찰하는 상황에서 자신과 타인을 평가하게 했다.
자료 분석 결과,
두 상황 모두에서 다른 사람들이 약점을 드러내거나 실수를
솔직하게 인정할 때 훨씬 더 긍정적으로 평가했다.

허점을 드러내고 실수를 인정하면 왜 더 좋은 평가를 받게 될까?

첫째, 허점이나 결점을 보이는 사람은 곁에 있는 사람에게
우월감을 느끼게 해주며, 거리감을 좁힐 수 있게 해준다.

둘째, 결점을 드러내면 우리는 그 사람이 진솔한 사람이라고
믿는 경향이 있다. 사람들은 대부분 자신의 결점을 감추려 하기
때문이다.

셋째, 빈틈을 솔직하게 드러내면 경계심을 늦추고 마음의 문을
열게 된다. 그런 사람에게는 왠지 내 결점을 드러내도 괜찮을 것
같아 마음이 놓인다.

 다른 사람에게 호감과 신뢰감을 줄 수 있는 나의 작은
빈틈은 무엇인가?

잘 받아주는 것도 보시

불가에서는 주는 것도 보시(布施)지만
잘 받아주는 것도 보시라고 한다.

베풀든 받든 상대를 기쁘게 하고
이익이 되게 하는 것이라면
모두 공덕(功德)이고 보시다.

"됐어요." "괜찮아요." "아닙니다." "필요 없어요."
사심 없이 주고 싶어 건넸는데 상대가 완강하게 사양해서
건넨 손이 민망한 적이 있을 것이다.

미안해서, 부담스러워서, 쑥스러워서, 왠지 덥석 받으면 안 될 것
같아서, 한두 번은 사양해야 할 것 같아서 등등의 이유로 우리는
상대방의 호의를 거절한다.

남에게 호의를 베풀면서 기쁘고 행복한 적이 있다면,

다른 사람에게도 그런 기회를 허용해야 한다.

사심 없이 호의를 베풀려는 사람에게는 너무 부담을 느끼거나
매몰차게 거절하지 말고, 기쁜 마음으로 받고 진심으로 고맙게
생각하면 된다.
그리고 상대방이나 다른 사람에게 친절과 호의로 보답하면 된다.

> 모두가 위대한 일을 할 수는 없다.
> 그러나 작은 일을 위대한 사랑으로 할 수는 있다.
> _테레사 수녀

⊕ 앞으로는 이런 것 사오지 말게

대학원 시절이었다.
스승의 날을 앞두고 수업을 들었던 교수님들께 감사의 마음을 전
하고 싶었다. 무엇을 선물하면 좋을까?
고민 끝에 가격도 부담스럽지 않고 피곤하실 때 한 잔씩 드시면
좋을 것 같아 인삼차를 준비했다.
한 교수님은 정색을 하시면서 왜 이런 걸 사왔느냐며 돌려주셨
다. 당황해하는 내 표정에 미안하셨는지 잠시 머뭇거리다가 상자

를 풀고 딱 한 봉지를 꺼내셨다. 그리고 "난 이거 한 봉지만 마실 테니 다음부터는 이런 것 사오지 말게." 하셨다.

물론 형편이 뻔한 학생들에게 뭔가 받는다는 것이 부담스러워 그러셨을 것이다. 원래 그 교수님은 순박하고 좋은 분이셨다.

조마조마한 마음으로 다른 교수님 연구실을 방문했다. 그런데 그 교수님은 인삼차를 받고서는 반색을 하시면서 이렇게 말씀하셨다. "이런 거 선물하는 일, 번거롭고 귀찮은 일인데 자네 마음 생각하면서 잘 마실게." 그리고 주전자에 물을 끓여 인삼차를 두 잔 만들어 한 잔을 건네주시면서 인삼차 맛이 정말 좋다고 하셨다.

앞의 교수님은 그다음부터 찾아뵙기가 매우 부담스러웠다. 하지만 뒤의 교수님은 늘 쉽게 다가갈 수 있어서 내 마음속 큰 스승으로 남아 있다.

그날 이후 나는 잘 받아주는 것도 보시라는 불가의 가르침이 어떤 의미인지 깨닫게 되었다.

 누군가 나에게 순수한 마음으로 선의를 베풀 때 나는 주로 어떤 반응을 보이는가?

생각 뒤집기 기법

어떤 사람과의 관계를 개선하고 싶다면
그 사람을 묘사하는 단어를 바꾸면 된다.
똑같은 사람도 부정적인 단어로 묘사하면
부정적인 사람이 되고
긍정적인 단어로 묘사하면
긍정적인 사람이 된다.

자신이나 타인에 대한 인상과 태도를 바꾸는 가장 효과적인
방법은 그 사람을 묘사하는 부정적인 단어를 긍정적인 단어로
바꾸는 것이다.

예를 들면 어떤 사람을 생각할 때 '고집스럽다', '우유부단하다',
'인색하다'는 부정적인 단어들이 떠오른다면 이 단어들을
'단호하다', '신중하다', '검소하다'는 긍정적인 단어들로 바꾸는
것이다.
이른바 생각 뒤집기 기법(Mind Flip Technique)이다.

여기서 특히 중요한 것은 존재하지 않는 긍정적 '특성'을 만들어
내는 것이 아니라 이미 존재하는 '특성'을 묘사하는 '단어'만
긍정적으로 바꾸는 것이다.

생각 뒤집기 기법은 세 단계를 거치면 된다.
첫째, 관계를 개선하고 싶은 사람을 한 명 고른다.
둘째, 그 사람의 특성을 묘사하는 부정적인 단어 세 가지를 찾아
본다.
셋째, 부정적인 단어들을 긍정적인 단어로 바꾼다.

어떤 사람과 관계가 나빠지기를 원한다면, 그를 부정적인 단어로
묘사하면 된다. 그러나 좋은 관계를 원한다면,
그에 대한 부정적인 단어를 긍정적인 단어로 바꾸면 된다.

단어를 바꾸면 사람뿐 아니라 사물에 대한 태도도 얼마든지
바꿀 수 있다. 만약 자녀에게 채소를 먹이고 싶다면, 채소에
재미있고 긍정적인 별칭을 붙여주면 된다.

단 하나의 단어일지라도
신체적, 감정적 스트레스를 통제하는 유전자에 영향을 미친다.
_ 앤드루 뉴버그

코넬대학교 '음식과 브랜드 연구소'에서는 뉴욕 인근의 학생 1552명을 대상으로 단어의 힘이 얼마나 막강한지를 실험으로 증명했다.

식당에서 학생들에게 당근이나 강낭콩을 제공하면서

'비전 당근',

'멋쟁이 강낭콩'

등의 별칭을 붙여주자, 채소 섭취량이 무려 99%나 증가했다.

 관계를 개선하고 싶은 누군가에게 생각 뒤집기 기법을 적용해서 그를 묘사하는 단어 세 개만 바꿔본다면?

가슴에서 입까지의 거리 30cm

상담을 하다 보면,
가슴에서 입까지의 거리는 30cm도 안 되는데
가슴속에 담아둔 가족에 대한 사랑과 좋은 생각들을
입 밖으로 표현하는 데
30년 이상 걸렸다는 사람들을 만난다.
더 안타까운 것은 정말 소중한 사람에게 해야 할
진짜 중요한 말을 마지막 순간이 지난 다음에야
과거형으로 한다는 것이다.

사랑은 마음속에 담고 있으면 어떤 식으로든 전해질 것이라고
생각하는 사람이 많다.

아니다.
가슴속에 아무리 좋은 생각을 가득 담고 있어도 표현하지 않으면
그것은 비싼 선물을 사서 예쁘게 포장까지 해놓고 상대방에게
건네주지 않고 내가 갖고 있는 것과 같다.

종은 울려야 종이고, 사랑은 표현해야 사랑이다.

울리지 않는 종은 쇳덩어리에 불과하고, 표현하지 않는 사랑은

단지 생각에 지나지 않는다.

표현되지 않은 선의는 선의가 아니다.

다음은 40대 딸이 요양병원에 입원한 엄마에게 사랑을 표현한

내용이다.

교수님 메일을 받고 요양병원에 계신 엄마를 찾아갔어요.

용기를 내서 "내가 엄마를 얼마나 사랑하는지 알지? 그리고 나를

이렇게 잘 키워줘서 고마워"라고 말했습니다.

그랬더니 치매에 걸린 엄마도 눈물을 글썽거리면서

"우리 딸, 나도 사랑한다"라고 말하셨어요.

그런데 그 며칠 후 돌아가셨다는 연락을 받았습니다.

너무너무 슬프지만 돌아가시기 전에 사랑한다고 말해서 얼마나

다행인지 모릅니다.

 그동안 마음속에만 담아둔 사랑, 오늘 누구에게
무엇(말, 전화, 문자, 편지 등)으로 표현하겠는가?

관계 회복의 비밀

고마우면 고맙다고 하고
좋아하면 좋아한다고 말하자.
잘못한 게 있다면 잘못을 인정하고
진심을 담아 미안하다고 사과하자.
자존심 세우지 말고
용기 내서 표현하자.
고마워! 사랑해! 미안해!

"먼저 연락하세요."
"나라면 안 기다릴 거예요."
"외로워도 먼저 손 내미는 걸 두려워하는 사람들이 많거든요."
영화 〈그린북〉에서 동생과 사이가 틀어진 박사학위를 세 개나
갖고 있는 피아니스트 셜리 박사에게 그의 운전기사 토니가
해주는 충고다.

마음속의 좋은 생각들을 표현하지 못하는 사람이 많다.

고맙다고 말하지 못하고, 진솔하게 좋아한다고 말하지 못한다.
화해하고 싶어도 먼저 다가가지 못한다.

왜 그럴까? 거기엔 몇 가지 이유가 있다.
첫째, 표현에 익숙하지 않아서 쑥스럽고 어색하기 때문이다.
둘째, 먼저 다가가면 자존심이 상한다고 생각하기 때문이다.
셋째, 무시나 거절을 당할지도 모른다는 두려움 때문이다.
이를 한마디로 정리하면 용기가 없기 때문이다.

관계 회복에는 먼저 손을 내미는 용기가 필요하다.
용기란 겁이 없는 것이 아니라 두려움에도 불구하고 행동하는
것이다.

> 용기란 가장 중요한 것을 얻기 위해
> 두 번째, 세 번째 중요한 것을 버릴 수 있는 것이다.
> _ 폴 틸리히

다음은 아버지와 연락을 끊고 지내다 용기를 내서 먼저 다가가
화해를 시도한 독자와 주고받은 메일의 일부다.

부끄럽지만 부모님과 석 달째 연락을 끊고 지냈습니다. 억울함과

분노, 상실감에 빠져 두 달이 넘게 방에 틀어박혀 은둔생활을 하고 있었습니다. 교수님께서 보내주신 답장을 읽고 쉽지 않은 일이었지만 아버지와 화해했을 때 그 일로 일어날 수 있는 연쇄적인 파생 효과를 글로 적어보았습니다.

어느새 상상 속에서 제 목표인 게스트하우스를 완공하고 부모님을 모시고 행복하게 살고 있는 미래를 그려볼 수 있었습니다.

그래서 '오늘을 넘기지 말자!'고 다짐하면서 부모님 집으로 갔습니다. 문을 열고 들어서는 저를 보고 "어, 왔냐?"고 하면서 당황하시는 아버지에게 용기를 내서 "아버지, 제가 잘못했어요"라고 말씀드렸습니다.

아버지는 쑥스러운 듯 미소를 짓더니 "에이~ 됐다. 나도 잘못한 게 많지. 아버지도 미안하다"라며 내 손을 잡아주었습니다.

40이 넘은 저는 눈물을 왈칵 쏟을 뻔했습니다.

교수님의 충고대로 먼저 다가갈 용기를 낸 덕분입니다.

 용기를 내서 먼저 다가가 손을 내밀어야 할 사람은 누구인가?

마법 같은 단어, '미안'

'미안하다'는 말은
세 가지 메시지를 동시에 전달한다.
첫째, 제 탓입니다.
둘째, 나는 당신을 존중합니다.
셋째, 나는 당신과의 관계를 소중하게 생각합니다.
관계 회복에 진심을 담아 '미안하다'고 사과하는 것보다
효과적인 것은 없다.
그래서 나는 Sorry라는 단어를
마법의 단어, Magic Word라고 부른다.

잘못을 저지르고도 사과하지 않는 것은
가만히 있는 것이 아니라 상대방에게 계속 다음과 같은 세 가지
메시지를 전달하는 것이다.
첫째, 문제는 당신에게 있다.
둘째, 나는 당신을 무시한다.
셋째, 나는 당신과의 관계를 소중하게 여기지 않는다.

별거 아닌데도 사과를 미루다가 우정에 금이 가는 경우가 많다.
잘못을 알면서도 겸연쩍어 마음을 전하지 못한 채 소중한 관계를
끝내버리는 사람도 많다.

미안하다고 사과하는 것을 부끄러워하지 말자.
잘못이 있다면 누가 원인 제공을 했는지 따지지 말고 얼른
잘못을 인정하고 미안하다고 사과하자.
눈을 피하면서 마지못해 입으로만 사과하지 말고, 상대방의 눈을
쳐다보면서 진심으로 미안한 마음을 전달하자.

> 다른 사람에게 미안하다고 사과하는 것만큼
> 주도성을 테스트하기 좋은 방법은 없다.
> _스티븐 코비

여러분은 행복한 결혼생활을 위해 가장 중요한 것이 무엇이라고
생각하는가? 여기 그 답을 말해주는 부부가 있다.

2005년 5월 31일, 기네스북은 1925년 6월 1일에 결혼한 영국인
퍼시 애로스미스 씨(105세)와 그의 부인 플로렌스 씨(100세)가
결혼 기간(80년)과 부부 나이 합산(205년)에서 세계 신기록을
세웠다고 발표했다.

6월 1일, 80회 결혼기념일을 맞은 애로스미스 씨 부부는
BBC와의 인터뷰에서 "우리는 정말 축복받은 부부라고 생각해요.
가장 중요한 것은 여전히 사랑하고 있다는 거죠"라고 말했다.
그 비결을 묻는 기자에게 부인 플로렌스는 이렇게 대답했다.
"우리도 남들처럼 종종 다투곤 했지만 그날을 넘기지 않고 문제
를 해결했지요. 화가 난 채로 잠자리에 든 적이 없었어요. 그래서
늘 키스를 나누며 꼭 껴안은 채 잠들 수 있었답니다."
그녀는 또 이렇게 말했다.
"행복한 결혼생활을 위해서는 배우자에게 미안하다고 말하는 것
을 결코 두려워해서는 안 됩니다."

 미안하다고 생각하면서도 아직 진심을 담아 사과하지
못하고 있는 일은 무엇인가?

어려운 사람을 내 편으로 만들려면

어려운 사람을 피하고 싶은 것은
인지상정이다.
하지만 두려움은 피한다고
해결되지 않는다.
두려움을 극복하는 가장 확실한 방법은
두려운 대상에 대해 공부하고 연구하면서
지속적으로 다가가
그와 친해지는 것이다.

누구나 엄한 윗사람은 피하고 싶다. 하지만 어떤 면에서는
무서운 사람이 더 쉽다. 그들은 아랫사람들이 잘 따르지 않아
외롭기 때문이다. 그래서 일단 벽을 넘기만 하면 내 편이 되어
전폭적인 지지자가 되어줄 가능성이 더 높다.
그러니 어려운 윗사람 너무 무서워하지 말고 피하지도 말자.
사람들은 자기를 무서워하거나 어려워하는 사람을 싫어한다.
그 순간은 상대방에게 나쁜 사람이 되기 때문이다.

세상에 나쁜 사람이 되고 싶은 사람은 없다. 엄한 상사는 대개
자기관리에 철저하고 배울 점도 많다. 그에 대해 연구하고
배울 점과 장점을 찾아내자.
지적을 받으면 정중하게 도움과 가르침을 요청하자.
다가가서 진심을 담아 감사와 호감을 표현하자.

누구나 자기를 좋아하는 사람을 좋아한다.
도저히 곁을 주지 않을 것 같은 사람도 임계점(Critical Point)을 넘
기기만 하면
어느 순간 내 편이 된다.

> 용기란 두려움이 없는 것이 아니다.
> 두려움에도 '불구하고' 행동하는 것이다.
> _스튜어트 에이버리

대학원 첫 학기 수강신청 기간에 조교로부터 연락을 받았다.
어느 교수님이 내가 학부에서 심리학을 전공하지 않았기 때문에
당신 과목을 따라가기 힘들 거라면서 수강신청을 취소하라고
했다는 것이다.
수강하기도 전에 그런 선입견으로 학생을 판단하는 상황이
황당하기도 했고 자존심도 상했다. 그 교수님을 찾아가 정중하게

수강을 허락해달라고 부탁드렸다. 그런데 그분은 나와 눈도 마주치지 않은 채 싸늘하게 잘라 말씀하셨다.

"내가 안 된다고 했잖아!"

다른 과목을 수강할 수도 있었지만 거기서 포기하고 싶지 않았다. 다음 날 다시 방문했지만 또 거절당했다. 며칠 후 또다시 찾아가 꼭 수강하고 싶은 이유를 말씀드리면서 간곡하게 부탁을 드렸다. 그야말로 삼고초려(三顧草廬) 끝에 수강을 허락받았다.

훗날 그 교수님은 내가 처음 교수로 부임한 대학교의 교수채용 공고 소식을 가장 먼저 알려주셨고, 부탁도 드리기 전에 내게 최고의 추천서를 써주셨다.

그때 만약 수강을 포기하고 그 교수님을 원망하고 미워하면서 그분에게 등을 돌렸더라면 오늘날의 나는 없었을지 모른다.

이미 고인이 되신 그 교수님, 나를 거절이라는 장애물로 시험에 들게 하시고, 그리하여 더 성숙한 사람이 될 수 있도록 기회를 제공해주심에 마음속 깊이 진심으로 감사드린다.

 아직은 다가가기 힘들지만 나중에 내 편이 되어
전폭적인 지지자가 되어줄 사람은 누구인가?

누군가를 감동시키고 싶다면…

누군가를 감동시키는 것은
의외로 간단하다.
상대의 기대를 넘어 아주 작은 것을
추가로 제공하면 된다.
작은 것을 추가해 기대치를 넘어섬으로써
상대를 감동시키는 것을
기대치 위반 이론(Expectancy Violation Theory)이라고 한다.

우리는 어디서 누굴 만나든 세 부류 중 한 부류에 속하게 된다.

첫째, 기대치에 미달해서 상대방을 실망시키는
'기대 미달'의 부류.
둘째, 기대치를 충족시켜서 상대방을 만족시키는
'기대 충족'의 부류.
셋째, 상대방의 기대치를 충족시키고 1% extra service, 아주 작은
것을 추가로 제공해서 상대방을 감동시키는 '기대 위반'의 부류.

그대가 상사나 부하, 고객이나 거래처라면 세 부류 중 누구를 좋아하고 어떤 사람을 돕고 싶겠는가? 그래서 어디서 누굴 만나든 가끔 하던 일을 멈추고 질문해야 한다.
"나는 무엇으로 사람들의 기대치를 위반하는가?"

> 작은 차이가 당신의
> 인생과 비즈니스의 운명을 바꾼다.
> _ 마이클 레빈

끌리는 사람은 어디서 누구와 무엇을 하건 해야 할 일을 다 한 다음에 작은 것을 추가해 상대방을 감동시킬 줄 안다.
상대방을 감동시키는 일, 결코 어려운 일이 아니다.
친구와 점심을 먹을 때, 부모님께 용돈을 드릴 때, 아랫사람이 실수했을 때, 아이들이 엉망인 성적표를 받아왔을 때, 아파트 경비원을 대할 때 등등 찾아보면 100가지도 넘게 찾을 수 있다.

예를 들어 아파트 경비원이 반갑게 인사를 한다. 그러면 인사를 받은 입주민들은 즉시 세 부류로 나뉜다.
첫째, 인사도 제대로 안 받는다. - 기대 미달
둘째, 반갑게 인사를 받는다. - 기대 충족
셋째, 반갑게 인사를 받으면서 + 귤 몇 개를 전한다. - 기대 위반 기대치를 위반해서 감동을 주는 것은 결코 거창한 일이 아니다.
0.5초도 안 걸려서 내보내는 따뜻한 눈빛과 미소만으로도 우리는
얼마든지 감동을 주는 사람이 될 수 있다.
그리고 그로 인해 가장 먼저 행복해지는 사람은
바로 나 자신이다.

 오늘 작은 것을 추가해 누군가를 감동시킬 수 있는 일은
무엇일까?

기왕 할 바엔 조금 넘치게

칭찬할 때는
마지못해 인사치레로 하지 말고
상대방이 기분 좋게 제대로 하자.
아부하거나 거짓 칭찬을 하자는 것이 아니다.
결과만 보지 말고 우리가 눈으로 확인하지 못한
상대방의 노력까지 감안해서
조금 넉넉하게 칭찬하자는 것이다.
이왕 절을 할 바엔
큰절을 하자.

사람들은 대개 자신을 과대평가한다.
로버트 서튼 교수에 따르면, 운전자의 90%는 자신의 운전 실력이
평균 이상이라 생각하고, 교수 중 94%는 자신이 다른 교수들보다
유머 감각이 뛰어나다고 생각한다.
고등학생의 70%는 자신의 리더십이 평균 이상이라고 생각한다.

사람들은 실제로는 10개의 일만 했으면서도 15개의 일을 했다고
생각한다. 그래서 웬만한 칭찬은 성에 차지 않는다.
칭찬받는 사람은 결과뿐 아니라 자기가 그 결과를 만들어내는
과정에서 투자한 시간과 에너지를 모두 기억한다.
하지만 칭찬하는 사람은 그 과정은 모르고 결과만 보기 때문에
과소평가할 가능성이 높다.

그러니 누군가를 평가할 때는 그 과정에 들인 공을 감안하고,
기왕 칭찬할 바에는 너무 아끼지 말고 조금 넘치게 하자.

> 아주 작은 진전에도 칭찬을 아끼지 말고,
> 진전이 있을 때마다 칭찬을 하라.
> '동의는 진심으로, 칭찬은 아낌없이' 하라.
> _데일 카네기

'남의 짐은 가볍게 보인다'는 속담이 있다.
누구나 자기 짐은 무겁게 느껴지고 남의 짐은 가볍게 보이기
마련이다. 협업관계에서 자신의 기여도를 과대평가하고 다른
사람의 기여도는 과소평가하는 것을 심리학에서는
자기중심적 편파(Egocentric Bias)라고 한다.

심리학자 마이클 로스는 자기중심적 편파가 얼마나 보편적인
현상인지 확인하기 위해 부부들을 대상으로 각자 가정에 기여한
정도를 평가하게 했다.
그랬더니 양쪽 모두 자신의 기여도는 더 높게 평가하고
상대의 기여도는 더 낮게 평가했다.

농구선수들을 대상으로 한 연구에서도 똑같은 결과를 얻었다.
팀에 대한 자신의 기여도를 다른 동료들보다 훨씬 더 높게 평가
한 것이다.

인간은 원래 이기적이기 때문일까? 그것만은 아니다.
자신이 기여한 과정에 대해서는 세세하게 알고 있지만, 상대방의
노력에 대해서는 구체적으로 알 수 없기 때문이다.
그래서 자기가 승진하면 노력 때문이고 남이 승진하면 줄을
잘 섰거나 운이 좋았기 때문이라 생각한다.

나는 다른 사람을 평가하거나 칭찬할 때 내가 보지 못한
과정에서 그가 쏟은 노력까지 충분히 고려하는 편인가?

관계 유지의 비결

어떤 사람이 당신과의 관계를
얼마나 소중하게 여기는지는
아쉬울 게 없을 때 당신에게 어떤 태도를 보이는지,
그리고 그가 주로 어떤 상황에서
당신을 찾는지 보면 된다.
물론 다른 사람들 역시
똑같은 방식으로 당신을 평가한다.
좋은 관계를 오래 유지하고 싶다면
종종 용건이 없어도 안부를 묻자.

평소엔 연락도 안 하다가 아쉬울 때나 용건이 있을 때만
연락하는 사람. 이런 사람을 끝까지 좋아할 사람은 아무도 없다.

좋은 관계를 유지하고 싶다면 평소에 잘해야 한다.
가끔 용건 없이 진심을 담아 안부를 물어오는 사람에게 우리는
자동적으로 이런 인상을 갖게 된다.

첫째, 나를 진심으로 좋아하는 사람.

둘째, 인연을 소중하게 여기는 사람.

셋째, 일관성이 있고 믿을 만한 사람.

애정 어린 문자나 전화 한 통화로 우리는 얼마든지 베푸는
사람이 될 수 있고, 소중한 인연을 이어나갈 수 있다.
용건 없이 가끔 안부를 묻는 것만큼 사랑과 관심을 보여주는
확실한 증거는 없다.

잠들기 전에 보고 싶어
떠오르는 이름 하나 정도는 있어야 인생이다.

_ 이외수

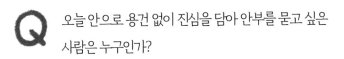

오늘 안으로 용건 없이 진심을 담아 안부를 묻고 싶은
사람은 누구인가?

⊕ 용건 없이 안부를 물어올 때

아버지, 식사하셨어요?
그냥 궁금해서요.

아버님 뭐하세요?
그냥 생각나서요.

아빠, 어디야?
지금 집에 들어가는 길인데, 그냥…

교수님, 잘 지내고 계시죠?
문득 생각이 나서요.

작가님, 요즘은 무슨 책 쓰세요?
책을 뒤적이다 그냥 궁금해서요.

누군가 용건 없이 안부를 물어올 때
그냥 마음이 따뜻해진다. 이만하면 잘 살고 있다는 생각이 든다.

_이민규

다시 못 볼 귀한 손님

가족을 대하는 태도를
바꾸는 가장 좋은 방법은
가끔 가족을 '귀한 손님처럼' 여기는 것이다.
우리 곁에 잠시 머물다 곧 떠나게 될 손님,
한 번 떠나면 다시는 못 만날 귀한 손님처럼
바라보면 모든 것이 다르게
느껴진다.

고객 만족을 강조하기 위해 '고객을 가족처럼 대하라'고 말하는
경영자들이 많다. 사람들이 자기 가족에게 가장 친절할 것이라고
생각하기 때문이다.
그런데 내담자들을 만나보면 친절은 남에게나 베푸는 것이지
가족에겐 해당하지 않는 듯 사는 사람이 의외로 많다.

가끔은 가족을 우리 곁에 잠시만 머무는 손님, 그래서 조만간
우리를 떠나야 할 아주 귀한 손님이라고 생각하면 가족을 대하는

태도가 달라진다.

조금이라도 더 마음을 살피게 되고 더 정성을 기울이게 된다.

좋은 점을 찾아내려 애쓰게 되고, 헤어질 때를 떠올리면서 함께 있는 시간을 더 소중하게 여기게 된다.

실제로 가족은 세상에서 가장 소중한 손님이고, 우리 곁을 언제 떠나게 될지, 아무도 모른다.

> 무언가를 사랑하려면
> 그것이 곧 사라질 수 있음을 깨달으면 된다.
> _ G. K. 체스터턴

테레사 수녀는 이렇게 말했다.

"사랑은 가장 가까운 사람, 가족을 돌보는 것에서부터 시작된다."

너무 가깝다고 가족을 세심하게 배려하지 못한다면

만약 ~라면 기법(What If Technique)을 활용해보자.

예를 들어 아이가 비싼 그릇을 깼다면 어떻게 반응할까?

"이게 얼마나 비싼 건데…, 제발~~ 조심 좀 해라!!"

눈을 부릅뜨고 인상을 쓰면서 소리 지를지도 모른다.

하지만 '만약 귀한 손님의 아이라면?' 미소를 지으며 부드러운 목소리로 이렇게 말할 것이다.

"다치지는 않았니? 괜찮아. 너무 걱정하지 마."
따뜻한 손길로 아이의 머리를 쓰다듬으면서 이렇게 덧붙일지도
모른다.
"이참에 더 좋은 그릇을 살 수 있겠네. 그러니 걱정하지 마."

여러분의 아이가 형편없는 성적표를 받아왔다면?
그런데 만약 손님이 데리고 온 자녀의 성적이 형편없다고
말한다면?
눈빛과 표정과 목소리가 어떻게 달라질까?
아이가 잠시 우리 집에 머무는 아주 귀한 손님이라고 생각하면
훨씬 더 지혜로운 선택을 할 수 있다.
사실 가족은 우리 곁에 잠시 머무는 가장 귀한 손님이다.

 가족이기 때문에 배려하지 않고 오히려 더 함부로
대했던 일 한 가지를 떠올려본다면?

부모도 칭찬받고 싶다

아무리 나이를 먹어도
칭찬을 받으면 기분이 좋아진다.
아마 여러분도 그럴 것이다.
인정받고 싶은 것은
인간의 원초적인 본능이기 때문이다.
그런데도
혹시 부모님에게
칭찬이나 격려를 해드리는 것을
잊고 사는 것은 아닌지 모르겠다.

많은 사람들이 이렇게 생각한다.
'부모에게 칭찬은 별로 중요하지 않다.'
'부모는 격려나 위로가 필요 없다.'
'베푸는 것은 주로 부모가 자식에게 하는 것이다.'

청소년들을 대상으로 조사한 결과, 부모님에게 듣고 싶은 말

1위가 '잘했다'는 칭찬이었다.

그럼 부모가 자녀에게 가장 듣고 싶은 말은 무엇일까?

그 또한 칭찬일 것이다.

"무엇이든지 남에게 대접받고자 하는 대로 너희도 남을 대접하라."(마태복음 7장 12절)

성경에 '부모는 제외하고'라는 문구는 없다. 그러니 부모님에게도 내가 대접받고 싶은 대로 해드리자.

> 물레를 돌리게 해도 효도일 수 있고,
> 잔칫상을 차려 드려도 불효일 수 있다.
>
> _유대 격언

나는 여덟 살 때 칭찬을 들으면 기분이 좋았다. 열여덟 살 때도 칭찬을 받으면 흐뭇했다. 60이 넘은 지금도 칭찬을 들으면 행복하다. 그 누구보다 자식들의 칭찬이 가장 큰 힘이 된다. 세상의 모든 부모들이 그럴 것이다.

몇 년 전 서울아동복지센터에서 청소년 600명을 대상으로 부모님에게 가장 듣고 싶은 말을 조사했다.

3위: 엄마 아빠는 너를 믿어.

2위: 용돈 좀 줄까?

1위: 사랑해.

그대가 부모님에게 듣고 싶은 말은 무엇인가?

1. _____

2. _____

3. _____

부모님이 그대에게 듣고 싶은 말은 무엇일까?

1. _____

2. _____

3. _____

 오늘 부모님께 해드릴 수 있는 칭찬과 격려는 무엇인가?

한때 그랬고, 앞으로 그렇게 된다

세대 차이를 극복하고
세대 갈등을 줄이는 가장 좋은 방법은
지나온 길을 되돌아보고
앞으로 지나갈 길을 미리 내다보는 것이다.
어린 사람이 실수하면
내가 지나왔던 길을 돌아보면서
'나도 저랬겠지…' 하고 너그럽게 이해해주자.
나이 든 분의 행동이 마음에 안 들면
'나도 저렇게 나이가 들겠구나…' 하면서
측은지심으로 이해하자.

'왜 저렇게밖에 못하지?'
아랫사람을 보면서 성에 안 찰 때가 많다. 지금은 기억이 안 나도
나 역시 그랬을 것이다.

어르신들의 전화벨 소리는 유난히 크다. 통화할 때 목소리도

시끄럽다. 왜 저렇게 소리를 지를까? 짜증이 난다. 하지만 나도 나이가 들고 나니 깨달았다.
노인성 난청으로 인해 귀가 잘 안 들리기 때문이다.

부모님이나 주변 어른들의 목소리가 예전보다 커졌다면 짜증을 내기보다 측은하게 생각하자. 부모님의 화장실이 깨끗하지 않고 설거지해놓은 그릇에 고춧가루가 묻었더라도 지저분하다고 짜증 내지 말자. '아, 이 정도로 눈이 나빠지셨구나' 하면서 안쓰럽게 여기자.

아랫사람 너무 무시하지 말자. 우리도 한때 그랬다. 윗사람이나 나이 든 사람 너무 부담스럽게 여기지 말자.
우리도 곧 그렇게 된다.
아이들(아랫사람)에겐 자비지심으로 조금 너그럽게,
어른들(윗사람)은 측은지심으로 조금만 더 안쓰럽게 바라보자.

어른들은 다 처음엔 어린아이였다.
그러나 그것을 기억하는 어른은 많지 않다.
_ 생텍쥐페리, 《어린 왕자》

⊕ 지나온 길, 가야 할 길

아이를 나무라지 마라.
다 지나온 길인데…

노인을 비웃지 마라.
다 가야 할 길인데…

지나온 길 가는 길,
둘이서 함께하는 여행길

지금부터 가야 하는
오늘의 길

한 번 가면
다시는 돌아올 수 없는 길인 것을…

_에이 로쿠스케, 〈대왕생(大往生)〉 중에서

 지나온 길과 지나갈 길을 생각하지 못하고 못마땅하게
생각했던 일 한 가지만 찾아본다면?

나는 다른 사람들에게 어떤 존재인가

엄마는

나를 사랑하니까 좋다.

강아지는

나와 놀아주니까 좋다.

냉장고는

먹을 것이 많이 있으니까 좋다.

그런데

우리 아빠는 ＿＿＿＿＿＿＿＿＿ .

마지막 문장은 무엇일까?

"우리 집에 왜 있는지 모르겠다."

아이들이 어릴 때, 미국 유치원생이 썼다는 이 시를 꽤 오랫동안
내 연구실 책상 앞에 붙여놓았다.

그리고 종종 이 시를 들여다보면서 나 자신에게 묻곤 했다.

'내 아이들과 내 학생들은 무엇으로 나를 좋아할까?'

우리는 같은 공간에서 숨을 쉬는 것만으로도 누군가에게 영향을
미친다. 그 사람이 앉아 있던 빈자리만 봐도 마음이 불편해지는
사람이 있다.
반면 그의 이름만 떠올려도 위로가 되고 힘이 나는 사람도 있다.

그렇다면
나는 사람들에게 어떤 의미의 존재인가? 무엇으로 선한 영향력을
미치고 있는가? 성공적인 삶이란 무엇일까?

> 삶이란 타인의 삶에
> 영향을 준다는 점만 빼면 대단한 것이 없다.
> _재키 로빈슨

미국의 철학자이자 사상가이자 시인인 랠프 왈도 에머슨은
성공을 이렇게 정의했다.

자주 그리고 많이 웃는 것.
현명한 이에게 존경받고
아이들에게서 사랑받는 것.
정직한 비평가의 찬사를 듣고
친구의 배반을 참아내는 것.

아름다움에 심취할 줄 알며
다른 사람들의 내면에 존재하는 장점을 발견하는 것.
건강한 아이를 낳든
작은 정원을 가꾸든
사회 환경을 개선하든
자기가 태어나기 전보다
세상을 조금이라도 더 살기 좋은 곳으로
만들어놓고 떠나는 것.
이 땅에 잠시 머물다 감으로써
단 한 사람의 인생이라도 행복해지는 것.
그것이 진정한 성공이다.

 가족으로, 친구나 이웃으로, 상사나 부하직원으로…,
나는 다른 사람에게 무엇으로 도움이 되는가?

첫인상보다 중요한 것

사람의 크기는
시작이 아니라 끝,
사이가 좋을 때가 아니라
사이가 틀어졌을 때의 태도를 보면
알 수 있는 법이다.
비즈니스도 그렇고 인간관계도 그렇다.
끝은 또 다른 시작이고,
끝이 좋아야 시작이
빛난다.

일이 잘 돌아갈 때. 이해관계가 걸려 있을 때는 그 사람의 크기를
판단하기 어렵다.
일이 잘 풀리지 않을 때, 거래가 끝났다고 생각할 때, 그래서 더
이상 볼 일이 없다고 생각될 때 처신하는 모습을 보면 그 사람의
그릇 크기를 알 수 있다.

남다른 삶을 원한다면,
남다르게 생각하고 남다르게 행동해야 한다.
성공한 기업과 행복한 사람은 일처리의 마무리와 위기 상황에서
보이는 태도가 다르다.

앞으로 더는 만날 일이 없다고 여겨지는 순간이 있다.
그럴 때가 바로 또 다른 시작이다.
할 일을 다 하고 난 후에 하는 일이 그 사람의 성패를 결정한다.
좋은 관계를 오래 유지하고 싶다면, 첫인상이 아니라 끝인상을
잘 관리해야 한다. 첫인상은 이미 지나간 일이기 때문에 바꿀 수
없다. 하지만 끝인상은 언제든 바꿀 수 있다. 아직 끝나지 않았기
때문이다.

살다 보면 이런저런 사연으로 잘 지내던 사람과 멀어질 때가
있다. 더 이상 어떻게 할 수 없다고 생각하면 '앞으로 안 보면
그만이지' 하면서 관계를 끝내버릴 수도 있다.

시계가 둥근 이유는
끝이 곧 시작이기 때문이다.
_라로슈푸코

나는 종종 김선우 시인이 소개한 스님의 이야기를 떠올리면서
인연을 소중하게 이어가는 법을 찾아본다.

어느 날 산사에 머물고 있는 김 시인에게 아주 꼼꼼하게 포장된
소포가 배달되었다. 그가 가위를 찾아 포장된 끈을 자르려고 하
자 옆에서 지켜보던 스님이 이렇게 한 말씀하셨단다.
"끈은 자르는 게 아니라 푸는 것이다."
김 시인은 가위로 자르면 편할 걸 별걸 다 나무라신다고 속으로
구시렁거리면서 결국 매듭을 풀었다. 그러자 스님은 천진하게 웃
으면서 이렇게 말씀하셨단다.
"잘라버렸으면 쓰레기가 됐을 텐데, 예쁜 끈이니 나중에 다시 써
먹을 수 있겠지?"
"잘라내기보다 푸는 습관을 들여야 한다. 인연처럼!"

 어쩌다 연락이 끊겨 소원해졌지만, 다시 연락해서
소중한 인연을 이어가고 싶은 사람은 누구인가?

더불어 살아가는 사람들이 알고 실천하는 10가지

1. 차이와 다양성을 인정하고 편견에 사로잡히지 않는다.

2. 가깝더라도 프라이버시를 지켜주고 적절한 거리를 유지한다.

3. 상대가 싫어하는 말과 행동을 자제할 줄 안다.

4. 잘난 체하지 않고 빈틈을 솔직하게 드러낸다.

5. 작은 호의라도 기쁜 마음으로 받아줄 줄 안다.

6. 상대방의 단점 속에서도 장점을 찾아내려고 애쓴다.

7. 좋은 마음을 속으로만 생각하지 않고 적절히 표현한다.

8. 관계 회복을 위해 먼저 손 내미는 걸 두려워하지 않는다.

9. 원인 제공 여부를 따지지 않고 잘못한 것에 대해 사과할 줄 안다.

10. 해야 할 일을 다 하고 나서 작은 것을 추가해 감동을 준다.

3부
—

인생을 향유하기

행복은 찾는 것이 아니라
가지고 있는 것을 누리는 것이다

사연이 있겠지

언제부턴가
짜증 나는 일을 겪거나
이해하기 힘든 행동을 하는 사람을 보면
혼자 이렇게 중얼거린다.
"뭔가 사연이 있겠지…."
그러면 신기하게도
화가 누그러지면서 마음이
평화로워진다.

오래전에 태국을 여행할 때였다.
길이 꽉 막혀 도대체 차가 빠질 기미를 보이지 않았다. 그런데
차창 밖을 내다 보니 모두들 땀을 뻘뻘 흘리면서도 표정은 무사
태평이었다.

가이드에게 태국 사람들은 어찌 이리 흥분하지 않고 평화로운 마
음을 유지할 수 있느냐고 묻자, 그는 이렇게 대답했다.

"이곳 사람들은 짜증 나는 일이 있으면 이렇게 생각한답니다.
'뭔가 사연이 있겠지….'"

불쾌한 상황과 마음에 안 드는 사람에 대해 좀 더 너그러운 태도
와 인내심을 갖게 해주는 가장 좋은 처방은 뭔가 그럴 만한 사연
이 있을 거라고 생각하면서 그 상황이나 사람을 이해하려고 노력
하는 것이다.

> 모든 것을 알게 되면
> 모든 것이 용서된다.
> _부처

언젠가 친한 언니가 도저히 이해할 수 없는 행동을 해서 너무 화
가 난다는 독자의 메일을 받았다. 앞에서 소개한 이야기를 전해
줬더니 며칠 후 아래와 같은 답장을 보내왔다.

'내가 그렇게 잘해줬는데… 어떻게 그 언니가 내게 그럴 수 있
지?' 어제까지만 해도 서운하고 억울함에 머리가 터질 지경이었
습니다.
'내가 왜 그런 말을 들어야 할까?' 하는 생각 때문에 억울하고 분
해서 화를 참을 수 없었습니다. 아무리 잊으려고 해도 잊을 수가

없었습니다. 도저히 그냥 넘길 수 없는 말이기에 그 말들이 제 머릿속에서 떠나지 않고 맴도는 것 같습니다.

그런데 아까 교수님께서 보내주신 메일에서 짜증 나는 일, 못마땅한 사람을 만나면 '뭔가 사연이 있겠지…'라고 속으로 중얼거리면 신기하게도 마음이 평화로워진다는 내용을 읽고 저도 그렇게 중얼거려봤습니다.

'뭔가 사연이 있겠지…'

그렇게 생각하니 화난 마음이 눈 녹듯 녹아내렸습니다.

정말 신기합니다.

이상할 정도로 마음이 평온해져서 주말을 즐겁게 보낼 수 있을 것 같습니다. 앞으로도 이해할 수 없는 사람을 만나면 '뭔가 사연이 있겠지…'라고 속으로 중얼거려봐야겠습니다.

 '뭔가 사연이 있겠지…'라고 생각했더라면 더 좋았을 일 한 가지를 찾아본다면?

소유보다 누리기

행복한 사람은
현재에 감동하고 감사하면서 깊이 음미한다.
그리고
그런 자신의 모습을 좋아하면서
주어진 것을 제대로 누릴 줄 안다.
행복의 깊이는 소유의 크기가 아니라
향유(享有: 누리어 가짐)하는 정도에 의해 결정된다.

같은 음식도 정신 없이 허겁지겁 먹는 사람이 있는가 하면,
천천히 음식 고유의 맛을 음미하며 식사 시간을 느긋하게
즐기는 사람이 있다.
산길을 가면서 무심코 지나치는 사람이 있고, 길가의 꽃과 풀을
유심히 관찰하며 자연의 경이로움을 만끽하는 사람도 있다.

주어진 것에 감사하고 깊이 음미하고 누림으로써 행복감을 높이
고, 행복한 상태가 오래 지속되게 만드는 의도적인 노력을 심리

학에서는 **향유하기** 또는 **음미하기**(Savoring)라고 한다.

향유(享有)하기는 저절로 느껴지는 것이 아니라 의도적으로 선택하고 공부하고 연습해야 하는 '삶의 기술'이다.

삶을 향유할 줄 아는 사람들은 다음과 같은 네 가지 특성이 있다.

첫째, 감사하기.

긍정적 경험을 제공해준 세상과 사람에게 깊이 감사할 줄 안다.

둘째, 감탄하기.

평범한 일상도 새롭고 놀라운 것으로 여기며 감동하고 감탄할 줄 안다.

셋째, 자축하기.

스스로 칭찬하고 격려하면서 자신에 대해 감사하고 자긍심이 높다.

넷째, 심취하기.

긍정적 경험에 수반하는 신체적 쾌감과 정서적 흥분을 깊이 느끼고 지속시킬 줄 안다.

> 행복은
> 찾는 것이 아니라 누리는 것이다.
> _ 버트런드 러셀

⊕ 사업가와 어부

부유한 사업가가 부둣가에서 한 어부를 만났다.

어부의 배에는 물고기 몇 마리가 있었다. 사업가가 어부에게 물었다.

"이걸 잡는 데 얼마나 걸렸나요?"

"얼마 안 걸렸어요."

"그럼 더 오래 일해서 더 많이 잡지 그러셨어요."

그러자 어부가 말했다.

"가족 먹여 살리고 친구들에게 몇 마리 나눠줄 정도만 잡으면 되지 않겠소?"

"그럼 남은 시간엔 뭘 하시는데요?"

어부는 사업가를 물끄러미 쳐다보더니 이렇게 대답했다.

"늦잠 자고, 책 읽고, 애들과 놀아주고, 낮잠도 자죠. 그리고 저녁엔 마을을 어슬렁거리다 포도주도 마시고 친구들과 기타를 치면서 놀죠."

사업가가 말했다.

"저라면 물고기를 더 많이 잡아서 그 돈으로 큰 배를 사겠어요. 그러면 어획량이 늘어나 배를 몇 척 더 살 수 있겠죠. 나중에는 로스앤젤레스나 뉴욕으로 가서 살 수도 있고요."

그의 말을 가만히 듣고 있던 어부가 궁금하다는 듯이 물었다.

"그렇게 하는 데 시간이 얼마나 걸리겠소?"

"한 15년에서 20년, 길어야 25년이면 돼요."

"그다음에는 어떻게 되죠?"

사업가가 말했다.

"그야 늦잠 자고, 책 읽고, 애들과 놀아주고, 낮잠 자면 되지요. 그러고는 저녁이 되면 마을을 어슬렁거리다 포도주도 마시고 친구들과 기타를 치면서 놀면 되고요."

그의 말을 듣던 어부는 시큰둥한 표정으로 이렇게 말했다.

"지금 내가 그렇게 살고 있지 않소?"

_팀 페리스 《나는 4시간만 일한다》 중에서

 더 나은 삶을 살기 위해 좀 더 누리고 음미해야 할 것은 무엇인가?

그저 그러려니

싫은 상황에 저항하면 할수록
괴로움은 점점 더 커진다.
평화로운 삶을 살아가려면
마음에 드는 것을 좋아하는 것보다
싫은 것을 무던하게 넘기는 태도가 더
중요하다.
어떤 상황이나 사람이 못마땅할 때
마음의 평화를 유지하려면
'그저 그러려니' 하면서
싫은 것의 존재 권리를 인정하고
받아들이는 연습이 필요하다.

'말도 안 돼.'
'도저히 이해가 안 가.'
'어떻게 그럴 수가…'
납득이 안 되는 일 때문에 짜증 나고 화가 날 때가 있다.

상사로부터 심한 꾸중을 들은 후,

어떤 사람은 지나치게 예민하게 반응하면서 두고두고 곱씹는다.

그리고 스스로 지울 수 없는 트라우마로 각인시킨다.

반면 어떤 사람은 '그저 그러려니' 하고 대수롭지 않게 넘긴다.

이 험난한 세상을 누가 더 평화롭게 살아갈 수 있을까?

싫지만 바꿀 수 없는 것들과 평화롭게 지내는 가장 좋은 방법은

'그저 그러려니' 하면서 그것들의 존재 권리를 인정하는 것이다.

싫은 것에 대한 저항 강도가 높을수록 우리의 삶은 그만큼 팍팍해진다.

그러니 받아들이기 힘든 일일수록 '그저 그러려니' 하면서 마음에 담아두지 않고 흘려보내는 연습이 필요하다.

괴로운 일을 겪으면서도 흥분하지 않고 느긋한 상태를 유지하려면 조금은 둔감하게 살 필요가 있다.

> 행복한 인생을 살아가기 위해서는
> 조금 더 둔감하게 살아야 한다.
> _와타나베 준이치

손영호 목사가 쓴 것으로 알려진 다음의 글을 읽다 보면

때로는 둔감하게 살 필요도 있다는 지혜를 얻을 수 있다.

그저 그러려니 하고 살자.

인생길에 내 마음 꼭 맞는 사람이 어디 있으랴.
난들 또한 다른 사람 마음에 그리 꼭 맞으랴.
그냥 그저 그러려니 하고 살자.

내 귀에 들리는 말들 어찌 다 좋은 말뿐이랴.
내 말도 더러는 남의 귀에 거슬리리니
그냥 그저 그러려니 하고 살자.

세상이 어찌 내 마음에 꼭 맞추어주랴.
비록 속상하고 마땅찮은 일 있어도
세상은 다 그런 거려니 하고 살자.

사노라면 가깝고 다정했던 사람들
어느 날 멀어져 갈 수도 있지 않으랴.
온 것처럼 가는 것이니 그저 그러려니 하고 살자.
(…)

 지금보다 더 평화로운 삶을 살기 위해
그저 그러려니 하고 넘어갈 일은 무엇인가?

생각도 길이 난다

원래부터 있던 길은 없다.
자주 다니다 보면 길이 만들어진다.
생각도 마찬가지다.
열등하다고 생각하면 점점 더 열등감이 느껴진다.
밉다고 생각하면 점점 더 미워진다.
짜증을 내다 보면 점점 더 짜증이 난다.
다른 길을 만들고 싶다면
지금까지 다니던 길을 벗어나
새로운 곳을 정해 거기로
자주 다니면 된다.

뉴턴의 운동 제1법칙, 관성의 법칙은 물체에만 작용하는 것이
아니다.
생각에도 똑같이 작용한다.
누가 미워지기 시작하면 웬만해서는 좋아지기는커녕 괜찮은
사람이라는 생각조차 하기 싫어진다. **생각의 관성**(Inertia of

Thinking)이다.

왜지 모르게…, 그냥…, 저절로…, 보기만 해도…

어떤 생각이 저절로 계속 떠오른다고 말하는 사람이 많다.

어떤 사람을 대할 때 부정적인 생각이 많이 나는 것은 그동안

그 생각을 그만큼 많이 했기 때문이다.

같은 생각을 계속 반복하면 우리의 마음에는 자국이 생긴다.

나중에는 의도하지 않아도 그 자국을 따라가게 된다.

관성의 법칙에서 벗어나려면 관성이 작용하는 힘보다 더 강한

힘을 가해야 한다. 부정적인 생각을 그만두고 싶다면 긍정적인

생각을 더 자주, 더 열심히 하면 된다.

무엇이든 계속하면 습관이 된다.

생각도 마찬가지다.

> 우리의 마음은 밭이다.
> 긍정의 씨앗도 있고 부정의 씨앗도 있다.
> 어떤 씨앗에 물을 주어 꽃을 피울지는 자신의 의지에 달렸다.
> _ 틱낫한 스님

 오늘 당장 끊고 싶은 부정적인 생각의 관성 한 가지를
찾아본다면?

⊕ 어떤 늑대에게 먹이를 주는가?

아메리카 원주민 체로키족에게는 대대로 전해오는 늑대 이야기가 있다. 어떤 추장 할아버지가 살아가는 지혜를 가르치기 위해 어린 손자를 산과 들로 데리고 다녔다. 꽃과 나무, 강물, 바위, 작은 동물에 이르기까지 자연의 모든 사물을 손자가 직접 보고 느끼도록 하기 위해서였다.

어느 날 손자는 늑대 두 마리가 으르렁거리며 싸우는 것을 보고 얼른 할아버지 뒤로 숨었다. 그러자 할아버지가 미소를 지으며 말했다. "애야, 늑대도 자연이 키우는 귀한 생명이란다. 결코 너를 함부로 해치지 않을 테니 걱정하지 마라." 그러면서 할아버지는 말을 이어갔다.

"우리 모두의 마음속에도 두 마리의 늑대가 있단다. 한 마리는 사랑스럽고 긍정적인 놈으로 그놈이 가진 것은 감사, 기쁨, 사랑, 인내, 평온, 겸손, 친절, 배려, 진실, 그리고 믿음이란다. 다른 한 마리는 성질이 사납고 부정적인데 그놈이 가진 것은 원망, 분노, 미움, 질투, 탐욕, 교만, 짜증, 불만, 열등감, 거짓 그리고 의심이란다. 그래서 우리 마음속에서는 늘 싸움이 일어난단다." 눈을 반짝이며 듣고 있던 손자가 물었다. "할아버지, 둘이 싸우면 어떤 늑대가 이겨요?" 할아버지는 이렇게 간단하게 대답했다. "그야 당연히 우리가 날마다 먹이를 주는 놈이 이기겠지."

행복한 가정의 공통점

불행한 가정에는
한 가지 공통점이 있다.
뭐든 당연하게 여긴다는 것이다.
행복한 가정 역시
한 가지 공통점이 있다.
당연한 일 속에서도
감사할 일을 찾아내서
어떤 식으로든 감사의 마음을
표현한다는 것이다.

이번 달 월급날에는 월급 세리머니를 한번 시도해보자.
"여보, 한 달 동안 우리 가족을 위해 (일하느라, 살림하느라) 고생
많았어요.
그래서 이걸 사왔어요."
무엇을 준비하는지는 별로 중요하지 않다.
당연히 해야 할 일인데 진심으로 감사하게 생각해주는 아내 또는

남편이 얼마나 고맙고 사랑스러운가?

우리는 뭐든 당연하게 여기는 사람보다 감사할 줄 아는 사람을 좋아하는데, 거기에는 세 가지 심리적인 이유가 있다.

고마워할 줄 아는 사람은

첫째, 긍정적이며 다른 사람이나 세상을 소중하게 여긴다.

둘째, 작은 호의도 당연하게 여기지 않고 어떻게든 보답하려고 한다.

셋째, 그는 좋은 사람이고, 나는 그런 사람을 좋아한다.

고마움을 느끼면 누구보다 내 기분이 좋아진다. 그러므로 당연한 일 속에서 감사할 일을 찾아낼 때 최대의 수혜자는 우리 자신이 된다.

부정적인 감정을 멀리하고 삶을 향유할 수 있는

가장 효과적인 방법은 당연하게 여겼던 일상 속에서 감사할 일을 찾아내, 마음속 깊이 고마움을 느끼는 것이다. 마음속 깊이 고마움을 느끼면서 동시에 불행감을 느끼는 것은 불가능하다. 이 두 가지 감정 상태는 함께 존재할 수 없기 때문이다.

나는 이를 **감사의 부정성 제지 효과**(Inhibition Effect of Negativity) 라고 부른다.

감사는 뭔가를 받았을 때 하는 것이라고 생각하기 쉽다. 하지만 행복한 사람은 자기가 베풀 때조차도 감사함을 찾아낸다.

> 그 사람이 얼마나 행복한가는
> 그의 감사함의 깊이에 달려 있다.
> _존 밀러

내 지도 학생이 보내온 메일 내용을 소개한다.

교수님, 제가 대학원 다닐 때는 직장에 다니는 남편이 매달 저한
테 용돈을 입금해줬어요. 그런데 입금통지 문자를 받아보면 매번
입금자 이름을 이런 식으로 적어 보내줘서 늘 감동이었어요.
"여보, 파이팅!" "고마워요, 여보!"
대학원과 수련 과정을 끝낸 지금은 제가 번 돈을 매달 남편 통장
에 입금하는데, 입금자 이름에 이렇게 적어 보냅니다.
"여보 힘내요!" "행복하자, 우리!"
거래 내역을 볼 때마다 우리는 정말 행복하답니다.

⊕ 나는 이럴 때 고마움을 느낀다

1. 자신에 대해
1) 관절염이 있지만 아직은 걸을 수 있는 두 발이 있어서
2) 아침에 아무 이상 없이 깨어나 하루를 맞이할 수 있어서
3) 어린이날 손주에게 선물을 사줄 수 있어서

2. 타인에 대해
1) 내 책의 독자가 소감을 적어 보낸 이메일을 읽을 때
2) 자식들이나 제자들이 특별한 용건 없이 전화를 걸어올 때
3) 잠에서 깨, 내 손을 잡고 있는 아내의 손길이 느껴질 때

3. 세상에 대해
1) 겨울이 지난 어느 날 처음으로 연두색 새싹을 바라볼 때
2) 고속도로 휴게소 화장실에서 멋진 명언을 발견할 때
3) 산책을 하다 부지런히 어디론가 기어가는 개미들을 볼 때

Q 당연하게 여겼던 일 중에서
감사할 일을 찾아본다면?

1. 자신에 대해

　1) _____

　2) _____

　3) _____

2. 타인에 대해

　1) _____

　2) _____

　3) _____

3. 세상에 대해

　1) _____

　2) _____

　3) _____

더 귀하고 더 소중하게

음식 함부로 버리지 마라.
복(福) 달아난다.
함부로 대하면 아무리 친한 사람도 떠나고,
소중하게 대하면 떠났던 사람도 되돌아온다.
개나 고양이도 그렇고
재물도 그렇다.

재물 걱정 없는 부자들은 돈을 대하는 태도가 다르다.
그들은 주머니에 돈을 꾸깃꾸깃 넣어 다니지 않는다.
뭐든 소중하게 다뤄야 다시 돌아온다는 것을 알기 때문이다.
사물이든 사람이든 더 많이, 더 오래도록 함께하고 싶다면
더 귀하게 대하고, 더 소중하게 여겨야 한다.

일미칠근(一米七斤),
쌀 한 톨을 만들려면 일곱 근의 땀을 흘려야 한다는 말이다.
쌀 미(米) 자를 풀어보면 '八十八'이 된다.

쌀 한 톨에 여든여덟 번의 손길이 간다는 의미다.
그러니 음식 함부로 버리지 마라. 하나를 보면 열을 안다.
쌀 한 톨 만들어내는 농부의 노고에 감사할 줄 아는 사람은
다른 사람이나 사물도 소중하게 여길 줄 안다.

> 인생이 우리를 대하는 태도는
> 우리가 인생을 대하는 태도에 달려 있다.
> _ 존 맥스웰

세상 만물은 자기를 소중하게 여기는 사람에게 흘러들어가는
법이고, 만물을 소중하게 여겨야 만물이 우리를 돕는다.

 그동안 소중하게 생각해야 할 것 중 별생각 없이 함부로
대했던 것은 무엇인가?

⊕ 함부로 대하지 마라

남은 음식 함부로 버리지 마라.
쌀 한 톨에
일곱 근의 땀과 여든여덟 번의 손길이 들어 있다.

낯선 사람(이나 약자) 함부로 대하지 마라.
그는 변장한 천사일지도 모르고
모든 기회는 사람과 함께 온다.

적은 돈 함부로 다루지 마라.
돌고 도는 것이 돈이지만
함부로 다루는 사람은 피해간다.

도구와 연장 함부로 쓰지 마라.
그걸 대하는 태도를 통해
하는 일에 대한 자세가 드러난다.

_이민규

설레다 보면 좋아진다

사람을 만날 때 반가워할 줄 모르면
아무리 많은 사람을 만나도
친한 사람을 만들 수 없다.
아무리 오래 알고 지내도 가까워질 수 없다.
아침에 깨어날 때 설레지 않는다면
그날 하루를 행복하게 보내기 어렵다.
설레는 마음으로 출근한 적이 없고
자기가 하는 일에 스스로 감탄하지 못하면
아무리 오래 일해도 그 일로
크게 성공할 수 없다.

반가워야 반색을 하고 좋아야 설레고, 감동스러워야 감탄한다고
생각하는 사람이 많다.
하지만 그러다 보면 죽을 때까지 반가운 사람, 설레는 날,
감탄할 수 있는 일을 만날 수 없을지 모른다.

우리의 정신은
안에서 밖으로(inside to outside) 작용하기도 하지만
밖에서 안으로(outside to inside) 작용하기도 한다.

반색하다 보면 반가워지고 감탄하다 보면 감동적인 일이
생기고 설레다 보면 좋아진다.

반가워하고, 설레고, 감탄하는 것은 저절로 우러나오는 감정이
아니다. 의도적으로 선택하고 공부하고 연습해야 하는,
일종의 기술이다.

> 감동을 잘하는 것도
> 대단한 재능이라고 할 수 있다.
> _ 하야시 나리유키

이현주 시인의 〈죽은 나무〉라는 시가 있다. 짧지만 강한 메시지를
담고 있는 이 시를 나는 무척 좋아한다.

죽어 뼈만 남은 고사목
칼처럼 우뚝 서서
바람이 불어도 흔들리지 않는다.

그렇다.
바람이 불어도 설레지 않는
나무는
죽은 나무다.

감성이 죽은 사람은 사람을 만나도 반색할 줄 모른다.
어떤 일을 해도 설레지 않는다.
좀처럼 감탄하지도 않는다.

 그동안 시큰둥하게 생각했던 일 중 한 가지를 골라
그것을 설레고, 감탄할 일로 만들어본다면?

잠들기 전 5분, 잠 깬 후 5분

잠에서 깬 5분이
그날 하루를 결정하고,
잠들기 전 5분이 다음 날 아침을 결정한다.
하루를 감동하면서 시작하고, 감사하면서 마무리하자.
잠들기 전 5분과 잠에서 깬 후 5분이
인생을 바꾼다.

"아, 일어나기 싫어."
"또 지겨운 하루가 시작되는구나."
아침을 짜증으로 맞이하는 사람이 멋진 하루를 보내기는 쉽지
않다. 감사하는 마음으로 하루를 마무리한 사람이 불행해지기는
어렵다.
이전과 다른 생각으로 아침을 시작하고, 다른 마음가짐으로
잠자리에 들자.

그러면 매일매일이 새롭게 느껴지고 어느 날 문득 예전과는

완전히 다른 사람이 되어 있는 자신을 발견하게 된다.

잠들기 전 그날 하루에 감사하고 희망찬 다음 날을 상상하면 아침까지 그 생각이 이어져 기적처럼 활기차게 일어난다.

이렇게 아침을 맞이하면, 감동적인 하루를 보낼 수 있다

아침에 일어날 때 미소를 짓고 일어나자. 활짝 웃으면 더 좋다.

잠에서 깰 때 드는 생각은 그날 하루를 결정하고, 잠들기 전에 드는 생각은 다음 날 아침을 결정한다. 그런 하루하루가 모여 우리의 인생을 만든다.

하루하루를 감동으로 시작하고, 감사로 마무리하자.

> 매일 아침에 일어나면 "내가 할 수 있는 것이 뭘까?"라고 생각했다.
> 그리고 저녁에 잠자리에 들 때는 "내가 그것을 했는가?"라고 자문했다.
>
> _ 벤저민 프랭클린

⊕ 매일 8만 6400달러가 생긴다면?

은행에서 당신에게 마법의 계좌를 개설해주겠다고 제안한다. 이 계좌에는 두 가지 규칙이 있다.

첫째, 매일 아침 8만 6400달러가 입금되지만 그날 안으로 쓰지 않으면 돈은 모두 사라진다. 다른 계좌로 이체할 수도 없다.

둘째, 은행은 사전 통보 없이 언제든 거래를 중단할 수 있다. 그리고 다른 계좌를 개설할 수도 없다.

만약 이런 선물이 당신에게 주어진다면 당신은 어떻게 하겠는가? 사실 우리는 모두 이 마법의 은행을 가지고 있다.

매일매일 입금되는 돈은 시간이다. 매일 아침 우리에겐 하루 8만 6400초의 시간이 예치되고, 시간은 다른 계좌로 이체할 수 없다. 모아두었다가 나중에 쓸 수도 없다. 시간 은행은 예고 없이 우리의 계좌를 폐쇄할 수 있고, 우리의 삶은 언제든 예고 없이 멈출 수 있다.

당신은 매일 주어지는 8만 6400초를 가지고 무엇을 하며 어떻게 살고 있는가?

_마르크 레비, 《천국 같은》 중에서

 오늘 내 계좌에 입금된 시간을 좀 더 의미 있게
사용하기 위해 오늘 하루를 어떻게 마무리할까?

세상에 하찮은 일은 없다

자기가 할 일은
더 고상한 일인데 하찮은 일만 하고 있다며
투덜거리는 사람들이 있다.
하지만 세상에 하찮은 일은 없다.
다만 하찮게 보는 태도만 있을 뿐이다.
어디서 무슨 일을 하건 고상한 일을 하고 싶다면
반드시 충족시켜야 할 전제조건이 있다.
고상하지 않다고 생각하는 일을
고상한 태도로 꾸준하게
하는 것이다.

무슨 일을 하건 하찮게 여기지 않고,
그 일에 의미를 부여하면 우리는 더 의미 있는 일을 하게 되고,
그렇게 되면 우리는 더 의미 있는 삶을 살게 된다.
자기가 하는 일을 하찮게 생각하는 사람은 절대로 큰일을 할 수
없다.

일본의 한큐철도 설립자 고바야시 이치조는 성공 비결에 대해
이렇게 말했다.

"신발을 정리하는 일을 맡았다면 세상에서 신발 정리를 가장 잘
하는 사람이 돼라. 그러면 세상은 당신을 신발 정리만 하는 심부
름꾼으로 놔두지 않을 것이다."

재능과 소질보다 더 중요한 것이 태도다. 작고 하찮은 일과 크고
위대한 성취는 동전의 양면처럼 연결돼 있다.

우리의 삶은 어떤 일을 하느냐에 의해 결정되는 것이 아니라
어떤 태도를 취하느냐에 따라 결정된다.

> 나의 가장 큰 임무는 별것 아닌 일들을
> 위대하고 고귀한 일처럼 해내는 것이다.
>
> _ 헬렌 켈러

일본에서 테레사 수녀 다음으로 유명한 와타나베 가즈코 수녀가
어린 시절 미국 수도원에서 수행할 때의 일이다.

그녀는 매일 접시를 정리하는 단조로운 일을 했다.

어느 날 접시를 닦는 수녀의 모습을 지켜보던 수도원장이
물었다.

"지금 무슨 생각을 하면서 일하고 있나요?"

그녀는 "딱히 없는데요."라고 대답했다.

그러자 수도원장이 "저런, 시간을 헛되이 보내고 있군요."라며
이렇게 말했다.

"접시를 하나 정리할 때마다 그것을 사용할 사람을 위해 기도하
면 어떨까요?"

이 말에 큰 깨달음을 얻은 수녀는 그 뒤부터 이렇게 기도하며
접시를 닦았다.

'이 접시를 사용하는 사람이 오늘도 건강하게 지낼 수 있게 해주
소서.' '이 사람에게 오늘도 좋은 일이 생기게 해주소서.'
'이 사람의 병이 나을 수 있게 해주소서.'

그러자 마음속에 점점 더 큰 변화가 일기 시작했고, 접시 닦는
일이 하찮은 일이 아니라 매우 가치 있는 일이라는 것을 깨닫게
되었다고 한다.

어떤 일을 하건 그 일에 의미를 부여하면 우리는 더 의미 있는
일을 하게 되고, 그렇게 되면 우리는 지금보다 더 의미 있는 삶을
살 수 있다.

 더 의미 있는 삶을 살기 위해 지금 하고 있는 일 중
어떤 일을 어떤 마음가짐으로 해야 할까?

몇 번이나 남았을까?

해야만 하는 일, 습관적으로 하는 일,
피상적인 만남을
하고 싶은 일, 의미 있는 일,
소중한 인연으로 만들기 위해,
우리가 할 수 있는 가장 효과적인 방법은
무심코 해왔던 그 일들을 기회로 바라보면서
앞으로 그 기회를 몇 번이나
누릴 수 있는지 헤아려보는 것이다.

어떤 일을 지겹게 생각하거나 기계적으로 하는 이유는 그 일이
끝없이 계속되거나, 앞으로도 기회가 많다고 생각하기 때문이다.

출근, 설거지, 부모님과 온전히 함께할 수 있는 하루, 엄마와 한
이불 속에서 잠자기, 가족여행, 내 인생의 가을, 앞으로 몇 번이나
남았을까?
몇 백 번? 몇 천 번? 수만 번이 남았다 해도 그 기회는 유한하며,

그 횟수가 점점 줄어든다고 생각하면,
그 일이 소중하게 느껴지고 더욱더 정성을 기울이게 된다.

가끔 무심코 하던 일을 멈추고 그 일을 할 수 있는 기회가
몇 번이나 남았는지 세어보자. 남은 기회를 계산해봄으로써
그 일을 대하는 태도를 바꿀 수 있다.
이를 성경에서는 **날 수 세는 지혜**(Wisdom To Number Our Days)
라고 한다.

인생의 유한성을 자각하게 되면 일에 대한 태도와 삶에 대한
조망에 극적인 변화가 일어난다.

> 비극은 인생이 짧다는 것이 아니라, 정말 중요한 것이
> 무엇인지를 너무 늦게야 깨닫는다는 것이다.
> _ 엘리자베스 퀴블러 로스

언젠가 한국 남성의 평균 기대수명이 80세라는 통계청의 발표를
보면서 이런 생각이 들었다.

내 나이가 지금 68세이고 평균 기대수명이 80세라고 하니, 그때
까지 산다고 가정하면 이제 12년밖에 남지 않았다.

그렇다면 앞으로 우리 아이들과 함께 저녁을 먹을 수 있는
날이 몇 번이나 남았을까?
사실 아들이 취업하고 결혼을 하고 나니 온 가족이 모여서
식사를 하는 것은 한 달에 한 번도 쉽지 않다. 넉넉잡아 한 달에
한 번 저녁을 함께 먹는다고 해도 12회×12년=144회밖에 남지
않았다.
아이들이 외국에 나가 살게 되면 앞으로 함께 저녁을 먹을 수
있는 기회는 몇십 번도 안 될 것이다.
설사 그 기회가 천 번 만 번이 된다고 해도 결국 온 가족이 함께
저녁을 먹을 수 있는 기회는 유한하며, 그 횟수는 점점 줄어든다.

생각이 여기에 이르자 온 가족이 모여 저녁을 먹는 시간이
더없이 소중하고 행복하게 느껴진다.
물위를 걷는 것이 기적이 아니라
이렇게 함께 저녁을 먹을 수 있는 것이 기적이다.

 누군가(부모님, 자녀, 친구 등등)와 함께할 시간이 얼마나
남았는지 생각해보자. 오늘 그중 한 사람과 함께하고 싶은 일이
있다면?

그는 변장한 천사일지 모른다

기회는 언제나 사람과 함께 온다.
그런데 가족이나 친구처럼
끈끈한 관계의 사람들이 정말 중요한 기회를
제공해주는 경우는 의외로 드물다.
오히려 스쳐 지나갈 수도 있는
약한 관계의 사람들이
인생의 터닝포인트를
제공해주는 경우가 훨씬 더 많다.
이를 **약한 관계 효과(Weak Link Effect)**라고 한다.
낯선 사람, 함부로 대하지 마라.
기회를 숨기고 오는 천사일지 모른다.

가족이나 친한 친구 등 끼리끼리만 어울리는 사람이 많다.
그러나 이런 '강한 관계'에서는 대체로 정보와 인맥이 중첩되며,
경쟁자인 경우도 많아 이들로부터는 의외로 좋은 기회를
제공받지 못한다.

오히려 약한 관계가 다른 세계로 통하는 다리가 되거나 자신이
모르는 기회의 통로 역할을 하는 경우가 많은 것으로 밝혀졌다.
그러므로 스쳐 지나갈 수 있는 사람들에 대한 태도가 인생의
성패를 결정할 수도 있다.

내 경우를 돌이켜봐도 인생의 터닝포인트마다 그 길목에
누군가가 있었다.
병원에서 전문가 수련을 받게 된 것도, 대학 교수가 될 때도,
그리고 책을 쓰겠다고 마음먹었을 때도 거기에는 내게 계기를
마련해준 누군가가 있었다.
가족도, 친한 친구도, 동문 선후배도 아니었다. 나를 성공하게
만들려는 강한 의지를 갖고 있는 사람들도 아니었다.

낯선 이에게 친절하고, 약한 관계의 인연을 소홀히 여기지 마라.
중요한 기회는 그들과 함께 온다.

> 낯선 사람에게 친절하라.
> 그는 변장한 천사일지도 모른다.
> _서양 속담

사회학자 마크 그라노베터는 가까운 친구보다는
약한 고리로 연결된 지인이 새 일자리를 찾는 데 더 도움이
된다는 사실을 직장인들을 대상으로 한 연구에서 밝혀냈다.

그는 보스턴에 거주하는 직장인들을 무작위로 선택해서 어떻게
새로운 일자리를 찾게 됐는지 설문조사를 실시했다. 아는 사람을
통해 새로운 일자리를 찾았다고 답한 이들 중 새로운 일자리를
소개해준 사람과 얼마나 자주 만나는 사이인지 물었다.

응답자 가운데 자주 만나는 가까운 사람이 일자리를
소개해주었다고 말한 사람은 16%에 불과했다. 반면 가끔씩
만나는 사람, 또는 어쩌다 만나는 사람을 통해 새로운 일자리를
얻었다고 답한 사람은 무려 82%나 되었다. 즉 일자리를 소개해준
사람 중 대부분은 약한 연결 관계의 사람이었던 셈이다.

 내 인생의 터닝포인트를 만들어준 사람은 누구인가?

운동과 노동의 차이

무엇을 하고 있는지보다
어떤 마음가짐으로 하고 있는지가
중요하다.
빨래, 청소, 노동도 몸에 좋은 '운동'으로 생각하면
운동 효과를 만들어낸다.
하지만 어쩔 수 없이
해야 하는 일이라고 생각하면
피곤하고 지겨운 '노동'이 될 뿐이다.

운동을 하면 몸이 가뿐해진다.
기분이 좋아지고 에너지가 차오른다.
운동은 신체 건강에 좋을 뿐 아니라 잡념, 우울감과
불안감을 줄여주고 행복감은 높여준다.

열심히 운동하면 뇌에서 도파민, 노르에피네프린, 엔도르핀 등
긍정적 감정에 관여하는 신경전달물질이 분비된다.

그런데 운동이 좋다는 건 알지만 운동할 시간이 없다거나
헬스장에 갈 여건이 안 된다고 투덜거리는 사람이 많다.

그러나 몸을 움직이는 어떤 일이건, 그것이 운동이라고 생각하면
그건 운동이 된다. 기왕에 청소를 해야 한다면 휘파람을 불면서
동작은 조금 크게, 조금 더 건강해진 모습을 상상하면서 신나게
해보자.

> 좋은 것이나 나쁜 것은 없다.
> 생각이 그렇게 만들 뿐이다.
> _ 셰익스피어

운동이라고 생각하면 청소도 운동이 될까?
하버드대학교 엘런 랭어(E. J. Langer) 교수는 한 호텔 노동자들의
건강 관련 컨설팅을 의뢰받아 건강검진 자료를 검토했다.
몸을 많이 쓰는 육체노동자들이 하루 종일 앉아 일하는
사무직보다 더 건강할 거라 예상했지만 차이가 없었다.
그래서 그녀는 몸을 많이 움직이면서도 그것을 운동이라고
생각하지 않고 지겹고 힘든 일이라고 생각하기 때문일 거라
가정하고 이를 검증하기 위해 기발한 실험에 착수했다.
호텔 종업원 중 절반에게 이들의 모든 활동과 각각의 운동량을

목록으로 만들어 알려줬다(예를 들면 15분 동안의 시트 교체는 40칼로리 소모, 청소기 돌리기는 50칼로리 소모, 욕실 청소는 60칼로리 소모 등). 그리고 그 자료를 휴게실 게시판에도 붙여놨다.
반면 나머지 절반에게는 이런 정보를 알려주지 않았다.

1개월이 지난 후 건강검진을 실시하고 실험 전의 검진 결과와 비교했다. 놀랍게도 자신이 하고 있는 일을 운동이라 생각한 집단은 몸무게, 체질량 지수 및 허리둘레가 줄고, 혈압과 스트레스도 낮아졌다. 반면 대조집단에서는 이러한 변화를 볼 수 없었다.

똑같은 일을 하면서도 기계적으로 무심코 하는 게 아니라 유심히 관찰하고 자신이 하는 일에 긍정적인 의미를 부여하기만 해도 우리의 몸과 마음에 변화가 일어난다.

 내가 하고 있는 힘든 일 중 건강에 도움이 되는 운동으로 만들 수 있는 일은 무엇인가?

해롭다고 믿어야 해로운 것

같은 일도 어떤 사람에게는
몸과 마음을 상하게 하는
나쁜 스트레스(Distress)로 작용하고,
어떤 사람에게는 자극과 활력을 주는
좋은 스트레스(Eustress*)가 된다.
스트레스의 존재 이유에 대한 지식과
스트레스에 대한 해석이 다르기 때문이다.
스트레스는 나쁘다고 생각할 때 나쁘다.

* eustress: 희랍어 eu(good 또는 well을 의미)에 어원을 둠

가벼운 우울증에서부터 치명적인 암에 이르기까지 스트레스는
만병의 근원으로 알려져 있다.
실제로 많은 의사들이 병의 원인을 제대로 찾아내지 못하면
그 원인이 스트레스 때문이라고 말하면서 환자들에게 스트레스
받지 않게 주의하라고 조언한다. 그런데 정말 그럴까?

심리학자 켈리 맥고니걸은 스트레스 자체보다 스트레스가
해롭다는 믿음이 건강에 훨씬 더 해롭다는 사실을 여러 연구를
통해 밝혀냈다.

그녀는 8년 이상 3만여 명을 대상으로 한 조사에서 스트레스를
경험한 사람은 그렇지 않은 사람보다 사망률이 43%나 높다는
사실을 확인했다. 그러나 중요한 것은 그 수치가 '스트레스가 해
롭다'고 믿는 사람에게만 해당한다는 것이다.

스트레스가 건강에 치명적이라고 응답한 사람들의 사망률이
가장 높았고, 해롭지 않다고 응답한 사람들은 별로 영향을 받지
않았다. 뿐만 아니라 똑같은 스트레스도 스트레스가 긍정적으로
작용한다고 믿는 사람들은 더 열정적이고 건강하며 더 행복하고
생산성도 높아 스트레스가 오히려 활력소로 작용한 것으로
밝혀졌다.

결론적으로, 스트레스 자극과 '스트레스가 해롭다'는 믿음이 결합
할 때만 스트레스는 해롭다. 생각을 바꾸면 스트레스는 독이
아니라 오히려 약이 된다.

> 인간은 사물 자체가 아니라
> 사물에 대한 견해 때문에 고통을 겪는다.
> _에픽테토스

미국의 한 지방신문에 한여름 가동되지도 않는 냉동차 안에 갇혀 "얼어서 죽는다"는 유서를 남기고 사망한 사건이 보도되어 화제가 된 적이 있었다.

사건의 주인공 닉 시즈맨은 평소처럼 냉동차 안에서 일하고 있었는데, 동료들이 모르고 냉동차를 잠그고 퇴근해버렸다. 뒤늦게 자신이 냉동차에 갇힌 것을 알게 된 닉은 안에서 문을 두드리고 소리를 치며 발버둥을 쳐도 소용이 없었다. 몇 시간을 공포 속에서 보낸 그는 냉동차의 나뭇바닥에 칼로 이렇게 썼다. "너무 추워 온몸이 마비되는 것 같다. 차라리 이대로 잠들어버렸으면 좋겠다." 그런데 그날 밤 냉동차는 작동하지 않았으며 온도계는 섭씨 12.7도였다. 수사 결과 그는 얼어 죽은 것이 아니었다. 닉은 냉동차가 작동한다고 믿었기 때문에 더욱 심하게 추위를 느꼈고, 결국은 얼어 죽게 될 것이라는 절망적인 공포가 그를 죽음에 이르게 한 것이다.

 스트레스를 받는다고 생각한 후 그것이 더 큰 스트레스가 되었던 일은 무엇인가?

피해의식, 역피해의식

아무도 해를 끼치는 사람이 없는데도
사람들이 자신을 해치기 위해
음모를 꾸미고 있다고 생각하는 것을
피해의식(Paranoid Thinking)이라고 한다.
이에 반해
사람들이 자신을 괴롭히고, 견디기 힘든 고난에 처할 때조차도
세상이 자기에게 좋은 일을 만들어주기 위해
그런 일을 꾸미고 있다고 생각하는 것을
역피해의식(Inverse Paranoid Thinking)이라고 한다.
피해의식은 우울, 불안, 불행을 부르고,
역피해의식은 기쁨, 희망, 행복을 부른다.

비관적인 사람은 조금만 나쁜 일이 일어나도 운이 안 좋다거나
왜 나한테만 이런 일이 일어나느냐고 하면서 세상을 원망한다.
하지만 낙관적인 사람은 아무리 나쁜 일이 일어나도 그것을
자기에게 뭔가 좋은 일이 일어날 신호라고 해석한다.

미국의 억만장자 클레멘트 스톤은 자신의 성공 비결을 이렇게 말했다.

"나는 어떤 일이 생기든지 세상이 나를 위해 좋은 일을 하려고 이 일을 꾸몄다고 생각한다."

> 신이 인간에게 선물을 할 때는
> 꼭 그 선물을 풀기 어려운 문제로 포장해서 준다.
> _ 브라이언 트레이시

세상이 항상 자기에게 불리하게 돌아간다는 피해의식은 우울, 불안, 불행을 부르고, 세상은 언제나 자기에게 행복과 성공을 안겨주기 위해 돌아간다는 역피해의식은 기쁨, 희망, 행복을 부른다.

 세상이 나에게 좋은 일을 만들어주기 위해
꾸미고 있는 일은 무엇인가?

⊕ 베스트셀러 작가를 만들기 위해

마거릿 미첼(Margaret M. Mitchell)은 《애틀랜타 저널》의 촉망받는 기자였다. 어느 날 발목을 다쳤는데 그것이 관절염으로 악화되어 집 밖으로 나갈 수조차 없게 되었다.

그녀는 무료함과 좌절감을 달래기 위해 남편에게 부탁해 도서관에서 닥치는 대로 책을 빌려서 읽기 시작했다.

3년이 지난 어느 날 더 이상 빌려올 책이 없자 남편이 빈손으로 돌아와 그녀에게 말했다. "여보, 도서관엔 몇몇 과학 학술지를 빼고는 당신이 읽지 않은 책이 없어요. 차라리 이참에 직접 책을 한 권 써보는 건 어때요?" 고민 끝에 그녀는 펜을 들었다.

법률가이자 역사학자인 아버지에게 미국 남북전쟁 이야기를 수없이 들으며 성장했고, 기자 생활을 하면서 수집한 수많은 기록들과 닥치는 대로 읽었던 방대한 독서량을 토대로 남북전쟁 이야기를 쓰기 시작했다. 그리고 그 이야기는 장장 10년 만에 《바람과 함께 사라지다》라는 소설로 태어났다.

1936년에 출간된 이 소설은 출간 1년 만에 150만 부 이상이 판매되어 당대 최고의 베스트셀러가 되었다. 그리고 1939년에 이 소설이 영화로 만들어졌을 때는 시사회를 보기 위해 30만 명 이상이 무려 11km나 줄을 섰으며, 개봉 이후 4년 동안 미국에서만 6천만 명이 관람한 불후의 명작이 되었다.

초점 바꾸기의 힘

많은 사람들이
자기가 이미 가진 것이 아니라
아직 갖지 못한 것에 초점을 맞추면서
불행하게 살아간다.
행복한 삶을 원한다면
이미 가진 것으로 초점을 돌리고
감사한 마음으로 그걸 누릴 줄 알아야 한다.
초점을 바꾸면 행복이 보인다.

행복은 거창한 것이 아니다.
지금 갖고 있는 것을 감사한 마음으로 잘 누리고 남다르게
활용하는 것이다.
오늘 갖고 있는 것에 만족하지 못하면 내일 더 많은 것을 가진다
해도 만족하지 못하고, 현재 하고 있는 일에 만족하지 못하면
내일 다른 일을 해도 만족하지 못한다.

행복해지려면 아직 가지지 못한 것에서 지금 가진 것으로 초점을 돌려야 한다.
그리고 성공하고 싶다면 갖지 못한 것을 탓하면서 에너지를 낭비하지 말고, 지금 가진 것을 어떻게 활용할지 생각해야 한다.

지금 가진 것에 집중하자. 그리고 아직 갖지 못한 것이 이미 가진 것을 방해하지 못하게 하자.
지금 당연하게 여기는 것도 누군가는 그토록 갖고 싶은 것임을 잊지 말자.

당나라 선승 임제 선사는 이렇게 말했다.
"기적이란 물 위를 걷는 것이 아니라 땅 위를 걷는 것이다."

> 지금 없는 것에 대해 생각할 때가 아니다.
> 지금 있는 것으로 무엇을 할 수 있는지 생각할 때다.
> _ 헤밍웨이

경영 컨설턴트이자 베스트셀러 작가인 팀 페리스는 그의 책 《타이탄의 도구들》에서 '초점 바꾸기'의 멋진 사례를 소개한다.
영화판에는 **로드리게즈 리스트**(Rodriguez list)라는 말이 있다.
영화감독이자 제작자인 로버트 로드리게즈가 〈엘 마리아치〉를 만들 때 탄생한 말로, 활용할 수 있는 모든 자산을 적어놓은 다음, 그 리스트에 맞춰 영화를 만드는 것을 의미한다.

예를 들어 이런 식이다.

"나는 내가 가진 것들을 모두 살펴보았다. 친구 카를로스가 멕시코에 목장을 갖고 있었다. 악당이 숨어 있을 만한 장소로 딱이었다. 카를로스의 사촌은 술집 주인이었다. 술집은 으레 첫 싸움이 펼쳐지는 장소가 아니던가? 나쁜 남자들이 모이는 곳이니까. 그의 또 다른 사촌은 버스 한 대를 소유하고 있었다. 그래서 버스에서 벌어지는 액션을 영화 중간에 삽입했다. 그에게는 핏불테리어도 있었는데 그 개도 출연시켰다."

로드리게즈는 거의 빈털터리였지만 오직 자신에게 주어진 것들만을 바탕으로 시나리오를 수정하고 영화를 만들었다. 총 제작비는 불과 7천 달러. 그는 이 영화를 7만 달러만 주면 언제든 팔아치울 생각이었다. 그런데 컬럼비아사가 배급권을 사들여 개봉했고, 선댄스 영화제에서 상까지 받았다.

 내가 이미 가진 것으로 만들어내고 누릴 수 있는 것은 무엇인가?

보답이 없어 섭섭한가?

아무리 베풀어도 돌아오는 것이 없고
고맙다는 말도 듣지 못하면
섭섭한 마음이 드는 게 인지상정이다.
그러니 누군가로부터
뭔가를 받을 때는 당연하게 여기지 말자.
그러나 누군가에게 베풀 때는
보답을 바라지 말자.
대가를 바라지 않고 베푸는 것이
진정한 친절이다.

사람들이 뭔가를 주고받는 모습에는 몇 가지 유형이 있다.
첫째, Take & Take, 받을 생각만 한다.
둘째, Take & Give. 받고 난 다음에 주겠다고 생각한다.
셋째, Give & Take. 먼저 베풀고 나중에 받는다.
넷째, Give & Give. 베풀면서도 보답을 바라지 않는다.

먼저 베풀어도 당장 돌아오지 않을 때가 많다.

그렇다고 너무 실망하지 말자. 봄에 볍씨를 뿌리면 가을이 돼야 거둘 수 있다. 씨앗 10개를 뿌렸다고 해서 열 그루에서 모두 수확할 수도 없다.

어떤 것은 새의 먹이가 되고, 어떤 것은 병들고, 어떤 것은 말라 죽는다.

마찬가지로 우리는 수많은 사람들을 만나지만 그중 몇 명만 좋은 친구가 된다. 수십 명의 고객에게 친절을 베풀지만 그중 일부만 단골고객이 된다.

남에게 먼저 주면 손해라고 생각하지만, 그렇지 않다.

먼저 베풀면 자존감이 높아지고 기분도 좋아진다.

그러므로 먼저 베풀 때 최대 수혜자는 우리 자신이 된다.

> 보답을 바라지 않고 진심으로 누군가를 위해 뭔가 해주는 것보다
> 더 행복하고 성취감을 주는 일은 없다.
> _ 나빈 자인

정성을 들여 베풀었는데도 감사 인사조차 제대로 받지 못해 서운한 마음이 드는가?

그렇다면 백은선사의 이야기를 떠올려보자.

선사가 어느 겨울날 추위에 떨고 있는 문둥병 환자를 만났다.

선사는 입고 있던 옷을 벗어 그에게 입혀주었다. 하지만 그는 말 한마디 없었다. 그러자 선사가 한마디했다.

"이 사람아! 도움을 받았으면 고맙다는 인사 정도는 해야지, 어찌 그러한가?"

그러자 그는 선사를 빤히 바라보면서 오히려 야단쳤다.

"이보시오 대사! 내가 옷을 입어주었으니, '보시를 받아주셔서 고맙습니다'라고 말하든지 아니면 고맙다는 표정이라도 지어야 하지 않겠소."

그 순간 크게 깨달은 선사는 그에게 엎드려 큰절을 올렸다.

"소승, 수행이 모자라 성현을 몰라뵈었습니다. 거룩한 깨우침에 감사드립니다."

고개를 들고 일어나 보니, 문둥병 환자는 온데간데없고 그 자리에 아름다운 연꽃 한 송이가 피어 있었다. 그제야 백은선사는 무주상보시(無主相布施)의 참뜻을 깨달았다.

무주상보시란 도와준 사람, 도와준 일, 도움을 받은 사람에 대한 세 가지 생각을 하지 않고 돕기 때문에 보답에 대한 기대도 없는 보시를 말한다.

 그동안 보답을 바라지 않고 베풀어서 더 기분 좋고 행복했던 일은 무엇인가?

숨어 있는 좋은 의미

나쁜 일을 겪었을 때
스트레스를 줄이고
마음의 평화를 유지하면서,
그 경험을 긍정적으로 승화시키는
가장 효과적인 방법은,
그 속에 숨어 있는 좋은 의미를
찾아내는 것이다.
모든 나쁜 상황은 좋은 의미의 씨앗을
내포하고 있다.

그릇이 깨졌을 때, 물건이나 돈을 잃어버렸을 때, 부부싸움을
했을 때, 사고나 해고를 당했을 때⋯ 크고 작은 나쁜 일은 모두
우리에게 뭔가 가르쳐주려고 일어난다.

위기에는 크고 작은 기회가 숨어 있고, 신이 우리에게 선물을 줄
때는 문제라는 것으로 포장을 해서 준다.

그러므로 위기를 겪게 되면 그 안에 숨어 있는 의미와 기회를 찾아보고 문제가 생기면 포장을 뜯어 그 안에 어떤 선물이 들어 있는지 세심하게 살펴봐야 한다.

어쩔 수 없이 겪어야 하는 고난이라면 반드시 그 속에 숨어 있는 좋은 의미가 무엇인지 찾아내야 한다.

그래야 마음의 평화를 유지하면서 문제와 위기를 발전과 성장의 기회로 바꿀 수 있다.

사랑하는 사람과 헤어졌다고 모두 절망하는 것은 아니다. 실연을 당한 후 어떤 사람은 폐인이 되지만 누군가는 시인이 된다.

부정적인 상황에서도 긍정적인 의미를 찾아내는 시도를 **긍정적 재해석**(Positive Reinterpretation)이라고 한다.

모든 상황은 그 안에 긍정적 의미를 담고 있다. 그런데 그것은 보려고 하는 사람에게만 보인다.

뭐든 보려고 해야 보이고 찾으려고 해야 찾게 된다.

> 나의 고통이 점점 커져갔을 때
> 이 상황에 대처하는 두 가지 방법이 있다는 것을 곧 알아차렸다.
> 고통스러운 반응을 보이는 것과 고통을 창조의 힘으로 변화시키는 것.
> 나는 후자를 선택했다.
> _ 마틴 루서 킹

딸아이가 운전면허증을 받아 도로 주행을 도와줄 때의 일이다.
모처럼 운전 연습을 하러 나갔는데 길이 너무 막혔다.
내가 짜증을 내자 딸아이가 이렇게 말했다.
"아빠, 피할 수 없다면 즐기라고 하셨잖아요. 이렇게 막히는 길에
서는 브레이크 밟는 연습을 한다고 생각하면 되지 않을까요? 이
참에 브레이크 나눠 밟는 연습을 해서 출발과 정지를 부드럽게
하는 법을 마스터해야겠어요."
연수를 마칠 때쯤 딸아이는 흐뭇한 표정으로 이렇게 말했다.
"길이 막힌 덕분에 브레이크 강약 조절을 확실히 부드럽게 할 수
있게 된 것 같아요."

나쁜 상황에서 좋은 의미를 찾아내는 방법은 의외로 간단하다.
문제가 생겼을 때 이렇게 자문하면 된다.
"이 속에 숨어 있는 긍정적 의미는 무엇인가?"
그러면 신기하게도 우리의 뇌는 스스로 그 답을 찾아낸다.

 최근에 겪은 안 좋았던 일 한 가지를 떠올려보고
자문해보자. "그 일이 내게 가르쳐주려고 했던 의미는
무엇일까?"

'때문에'를 '덕분에'로 바꾸면

현재의 삶에
만족하지 못하는 사람들은 대부분
지금과는 다른 삶을 갈망한다.
그러면서도
그들 중 대부분은 지금까지와는 다른 방식으로
살려고 시도하지 않는다.
대신
그들은 '~때문에'라는 말을 입에 달고 다니면서
세상을 원망하고 다른 사람들을 탓한다.
'때문에'를 '덕분에'로 바꾸면 운명이 달라진다.

'때문에'와 '덕분에'.
이 말은 둘 다 어떤 일의 원인이나 까닭을 나타낸다. 그런데
전자는 남을 탓하고 원망하는 부정적 의미를 담고 있고, 후자는
베풀어준 은혜나 도움에 대한 감사와 같은 긍정적 의미를 담고
있다.

같은 일도 생각에 따라 다른 결과가 나타난다.

네가 늦게 왔기 때문에… (짜증 나잖아.)

네가 늦게 온 덕분에… (책 한 권을 다 읽었다.)

'때문에'는 원망을 만들고, '덕분에'는 감사를 낳는다.

'경영의 신'이라 불리는 마쓰시타 고노스케는 그의 성공 비결을 이렇게 말했다.

"나는 가난한 집안에서 태어난 '덕분에' 어릴 때부터 갖가지 힘든 일을 하며 세상살이에 필요한 경험을 쌓았다. 나는 어렸을 때부터 허약한 '덕분에' 건강을 잘 챙겨 90세가 넘게 건강을 유지할 수 있었다. 나는 학교를 제대로 마치지 못한 '덕분에' 평생 공부에 더 많은 관심을 기울이고 배움에 온 열정을 쏟았다."

> 인간은 자신의 입장을 선택함으로써
> 운명을 변화시킬 수 있다.
> _ 알프레드 아들러

오래전에 알코올 중독 환자를 상담할 때였다. 그의 아버지 역시 알코올 중독으로 사망했다. 술을 마시게 된 이유를 묻자 그는 이렇게 대답했다.

"그런 아버지 밑에서 자랐는데 어떻게 술을 안 마시겠습니까?"

얼마 후 그의 동생을 만났다. 그는 훌륭한 인품을 갖추고 자기 사업을 탄탄하게 꾸려가고 있었다.

그에게 술을 마시는지 묻자 그는 이렇게 되물었다.

"그런 아버지 밑에서 자랐는데 제가 어떻게 술을 마실 수 있겠습니까?"

같은 아버지 밑에서 자랐는데,

형제가 어쩌면 이렇게 다를 수 있을까?

놀랍게도 두 형제 모두 "그런 아버지 밑에서 자랐는데 저처럼 되지 않을 수 있겠습니까?"라고 내게 반문하고 있었다.

그들이 그토록 상반된 행동을 보이는 것은 환경 때문이 아니라 그 환경에 부여하는 의미가 달랐기 때문이다.

형은 아버지 때문에 알코올 중독이 되었다면서 환경을 탓하며 책임을 회피하고 변명하는 구실로 삼았다.

반면 동생은 아버지 덕분에 술은 입에도 대기 싫었다면서 똑같은 환경을 알코올 중독에 빠지지 않는 계기로 삼았다.

 '때문에'라고 생각하면서 누군가를 탓하고 원망했던 일 한 가지를 찾아 '덕분에'라는 생각으로 바꿔본다면?

10% 선택이 90%를 결정한다

우리에게 일어나는 일의 90%는
우리가 마음대로 바꿀 수 없는 것이며,
10%만이 우리가 마음대로 바꿀 수 있는 것이다.
그 10%는 우리의 선택이다.
그런데 그 10%가 우리 운명의 90%를
결정한다.

출신, 부모, 배우자의 성격, 이미 받은 아이의 성적표….
그 어떤 것도 우리 마음대로 바꿀 수 없다. 하지만 그에 대한
반응은 우리가 마음대로 선택할 수 있다

날씨를 마음대로 선택할 수는 없다. 그러나 비가 올 때 우산을
쓸지 말지는 내가 선택할 수 있다.

많은 사람들이 바꿀 수 없는 것에 집착하면서 신세를 한탄하거나
누군가를 탓하면서 인생을 낭비한다.

하지만 어떤 사람들은 바꿀 수 있는 일에 초점을 맞추면서
아름다운 인생을 만들어간다.

신학자 라인홀트 니버는 이렇게 기도했다.
"주여, 저에게 제가 변화시킬 수 없는 것들을 받아들이는 평상심
과, 변화시킬 수 있는 것들을 변화시키는 용기와, 그 차이를 구별
할 줄 아는 지혜를 주소서."

당신이 어떻게 할 수 없는 것이 당신이 할 수 있는 것을 방해하지
않게 하라.

> 인간이 동물과 다른 점은, 동물은 자극에 따라서 반응하고
> 인간은 반응을 선택할 수 있다는 것이다.
> _윌리엄 글래서

 내가 바꿀 수 없는 일은 무엇이고, 내가 바꿀 수 있는
그 일에 대한 내 반응은 무엇인가?

⊕ 행불행의 10% : 90% 법칙

아침을 먹다가 딸이 커피잔을 엎질러서 당신의 정장 위에 커피가 쏟아졌다. 당신이 화를 내면서 소리를 지르자 딸이 울음을 터트린다. 커피잔을 하필 테이블 끝에 두었다고 짜증을 내면서 아내를 비난한다. 말싸움이 일어나고 딸은 우느라고 아침을 못 먹고 학교 갈 준비도 제대로 마치지 못했다. 통학버스를 놓쳐 어쩔 수 없이 당신이 딸을 학교에 데려다줘야 한다. 출근을 서둘러야 해서 과속을 했고, 경찰에 적발되어 속도위반 딱지를 받고 학교에 15분 늦게 도착한다. 딸은 당신에게 인사도 하지 않고 학교로 뛰어 들어간다. 지각도 하고 서류가방도 두고 와서 하루 종일 기분이 나쁘다. ① 커피 때문에? ② 딸 때문에? ③ 경찰관 때문에? 모두 아니다. 당신이 딸에게 보인 5초간의 반응 때문이다.

그 상황에서 당신은 다른 반응을 선택할 수도 있었다. 예컨대 당신은 커피를 쏟아 당황한 딸에게 "괜찮아, 다음부터 조심하면 돼"라고 다정하게 말한다. 옷을 갈아입고, 서류가방을 챙겨 나온다. 통학버스를 타려던 딸이 뒤돌아보더니 웃으면서 손을 흔든다. 당신은 15분 일찍 회사에 도착하고 동료들을 반갑게 맞이한다.

당신 인생의 10%만이 당신에게 일어나는 사건들에 의해 결정된다. 나머지 90%는 당신 자신이 선택한 반응에 의해 결정된다.

_스티븐 코비

멈추고 생각하기

가끔 하던 일을 멈추고
생각할 시간을 가져보자.
그리고 원하는 미래를 그려보고
그 미래를 위해 지금 무엇을 선택할지 생각해보자.
'이 일을 선택하면 어떤 일이 일어날까?
그리고 그 일은 어디로
이어질까?'

노후에 인생을 후회하는 사람들을 만나보면
한 가지 공통점이 있다. 그냥 앞만 보고 열심히 살았다는 것이다.
멈추고 생각할 시간을 갖지 않았다는 것이다.

자신을 사랑하고 삶을 더 깊이 음미하고 싶다면 가끔 하던 일을
멈추고 생각할 시간을 가져야 한다.
퇴근 후 집에 도착하면 곧장 집으로 들어가지 말고 가끔 시동을
끄고 차 안에서 혹은 문 앞에 서서 단 1분만이라도 생각할 시간을

가져보자.

'오늘은 현관에 들어설 때 가족에게 어떤 표정과 어떤 목소리로 어떻게 인사를 해볼까? 그러면 그 일은 어디로 이어질까?'

이렇게 1분만 투자하면 내 기분과 집안의 분위기가 달라진다.
그리고 그 작은 일이 얼마나 큰일로 이어질지는 아무도 모른다.
Stop & Think!

> 사람들은 생각을 하느니 차라리 죽음을 택하곤 했다.
> 지금도 여전히 그렇게들 한다.
> _ 버트런드 러셀

 오늘 잠깐 멈추고 생각해볼 일은 무엇인가?

⊕ 가던 길을 멈추고 가끔 말에서 내려야 하는 까닭

인디언들은
말을 타고 달리다가

이따금씩 멈추고,
말에서 내려
자기가 달려왔던 쪽을 한참 되돌아본다.

그러다가
다시 말을 타고 달린다.

말이 지쳐서도 아니고
휴식을 취하기 위해서도 아니다.

너무 빨리 내달려
혹시 미처 뒤따라오지 못할 수도 있는
자기 자신의 영혼을 기다려주기 위해서다.

모든 것은 지나간다

불쾌한 감정을 떨쳐버리고
조금 더 너그러워질 수 있는
가장 좋은 방법은 거리를 두고 길게 보면서
'모든 것은 지나가고
지나고 나면 후회가 될 수도 있다'는
사실을 받아들이는 것이다.

오래전 딸아이가 중학교에 다닐 때,
동영상도 볼 수 있는 MP3 플레이어를 사달라고 계속 졸라댔다.
나는 단번에 거절했다. 공부를 소홀히 하면서 음악만 듣는 것이
못마땅했기 때문이다.

그런데 어느 순간 이런 생각이 들었다.
'모든 것은 지나가고 지나고 나면 후회가 될지도 모른다.' '아무리
갖고 싶었던 것도 언젠가는 시들해진다.' '아무리 조르던 아이도
시간이 지나면 더 이상 조르지 않을 것이다.'

그러면 먼 훗날 이렇게 후회할지도 모른다.

'그때 사줬어야 했는데. 그토록 갖고 싶어 했는데….'

그래서 딸에게 MP3 플레이어를 사줬다. 그리고 이렇게 말했다.
"모든 것은 지나간다는 생각이 들었어. 그리고 훗날 아빠가 '우리
딸에게 그때 그걸 사줬어야 했는데…' 하고 후회할지도 모른다는
생각도 들었어. 그래서 사주기로 했다."
이 말에 딸이 내 눈을 가만히 들여다보면서 이렇게 말했다.
"아빠, 아빠가 제 아빠라는 게 정말 고마워요."

> 이 세상에서 말과 글로 표현할 수 있는 가장 슬픈 단어는
> '만약 ~했더라면 좋았을 텐데'이다.
>
> _존 그린리프 휘티어

 지혜롭고 너그러운 사람이 되기 위해 인생을 갈게 보면서
모든 것은 지나간다고 생각해볼 일은 무엇인가?

⊕ 모든 것은 지나간다

모든 것은 지나간다.
일출의 장엄함이 아침 내내 계속되진 않으며
비가 영원히 내리지도 않는다. 모든 것은 지나간다.

일몰의 아름다움이 한밤중까지 이어지지도 않는다.
하지만 땅과 하늘과 천둥,
바람과 불, 호수와 산과 물,
이런 것들은 언제나 존재한다.

만일 그것들마저 사라진다면
인간의 꿈이 계속될 수 있을까.
인간의 환상이.

당신이 살아 있는 동안
당신에게 일어나는 일들을 받아들여라.
모든 것은 지나가버린다.

– 세실 프란시스 알렉산더

믿는 바대로 이루어지나니

어떤 사람을 의심하면
하는 짓마다 수상하게 보이고,
미워하면 미운 짓만 하는 것 같다.
상대방에 대한 우리의 견해와 기대에 따라
상대방의 행동이 다르게 보이는 것을
심리학에서는 저절로 실현되는 예언,
자기충족적 예언(Self-Fulfilling Prophecy)
현상이라고 한다.

어떤 사람에 대해 선입견을 갖게 되면 그 사람에 대한 정보는
선입견에 맞춰 일사천리로 처리된다.
예를 들어 어떤 사람이 당신을 무시하거나 싫어한다고 의심하기
시작하면 당신은 그 사람의 눈치를 살피고 당신의 의견과 조금만
다른 태도를 보여도 그가 당신을 무시한다면서 화를 내거나
미워할 것이다.

당연히 그런 태도를 접한 상대방은 당신을 싫어하게 될 것이고 결국 당신은 상대방이 자기를 싫어하며 무시한다는 결론에 도달하게 된다.

반면 인간은 근본적으로 선하며 사귀어 보면 다 좋은 면이 있다고 믿는 사람이 있다. 그런 사람도 가끔 자기를 못마땅하게 생각하는 사람과 부딪치게 된다. 그럴 때도 그는 뭔가 사연이 있을 거라고 생각하고 대수롭지 않게 여기면서 친절하게 대한다. 당연히 상대방의 행동도 점차 호의적으로 바뀌게 되고 사람들은 모두 선하다는 결론에 도달하게 된다.

타인에 대한 긍정적 믿음은 인간관계뿐 아니라 장수에도 도움이 된다. 듀크대학교가 55세 성인들을 대상으로 15년 동안 실시한 연구에 따르면 남을 신뢰할 수 있다고 믿는 사람들은 그렇지 않은 사람들에 비해 훨씬 더 오래 사는 것으로 나타났다.

> 마술은 마음속에 있다. 마음이 지옥을 천국으로 만들 수도 있고,
> 천국을 지옥으로 만들 수도 있다.
> _T. 에디슨

⊕ 의심하는 대로 보이나니…

어떤 사람이 가지고 있던 도끼를 잃어버렸다. 그는 틀림없이 누군가가 훔쳐갔을 것이라고 생각했고, 그러고 보니 이웃집 아이가 의심스러웠다. 그 아이의 표정이 어딘가 미심쩍어 보였다. 자기를 보고 뭔가 겁에 질린 것 같고 힐끔거리며 피하는 것처럼 느껴졌다. 모든 것이 수상해 보였다. 그러다가 어느 날 그는 밭을 갈다 그 도끼를 발견했다. 도끼를 찾아 집에 돌아오는 길에 이웃집 아이의 거동을 보니 그때는 조금도 이상해 보이지 않았다.

_ 열자(列子)의 설부편(說符篇), 의심생암귀(疑心生暗鬼: 의심을 하다 보면 없던 귀신도 나타난다)

 나와 사이가 안 좋은 사람에 대한 나의 선입견은 무엇이고,
그와 관계를 개선하기 위해 바꿔야 할 생각은 무엇인가?

걱정의 96%는…

존재하는 모든 심리는 존재의 이유가 있다
걱정도 마찬가지다
미리부터 걱정해두면 몇 가지 이점이 있다.
첫째, 걱정했던 일이 실제로 일어날 경우에 필요한
대비책을 세울 수 있다.
둘째, 걱정한 일이 실제로 일어났을 때
충격을 줄일 수 있다.
셋째, 걱정했던 일이 안 일어나면
대비효과를 통해 그 기쁨이 두 배가 될 수 있다.
하지만 대부분의 걱정은
쓸데없는 것이다.

걱정도 팔자다.
안 해도 될 걱정을 습관적으로 하는 사람을 두고 하는 말이다.
걱정의 40%는 절대로 현실에서 일어나지 않는다. 걱정의 30%는
이미 일어난 일에 대한 것이다. 걱정의 22%는 사소한 고민이다.

걱정의 4%는 우리 힘으로는 어쩔 도리가 없는 일에 대한 것이다.
그리고 나머지 4%만이 우리가 통제할 수 있는 일이다.
《모르고 사는 즐거움》의 저자 어니 젤린스키의 주장이다.
결론적으로 우리가 하는 걱정의 96%는 쓸데없다는 말이다.

> 걱정을 해서 걱정이 없어진다면
> 걱정할 일이 없겠네.
> _티베트 속담

지나치게 걱정하느라 시간과 에너지를 낭비하고 있다면 걱정의
긍정적 역할을 인정하되 성철 스님의 다음 말씀을 기억하자.

다들 너무 걱정하지 마라

걱정할 거면
딱 두 가지만 걱정해라.
지금 아픈가? 안 아픈가?
안 아프면 걱정하지 말고,
아프면 두 가지만 걱정해라.
나을 병인가? 안 나을 병인가?
나을 병이면 걱정하지 말고,

안 나을 병이면 두 가지만 걱정해라.

죽을 병인가? 안 죽을 병인가?

안 죽을 병이면

걱정하지 말고

죽을 병이면 두 가지만 걱정해라.

천국에 갈 거 같은가? 지옥에 갈 거 같은가?

천국에 갈 거 같으면

걱정하지 말고,

지옥에 갈 거 같으면…

지옥 갈 사람이 무슨 걱정이냐?

 내 소중한 시간과 에너지를 낭비하고 있는 부질없는
걱정은 무엇인가?

물어보기라도 하지

안 될 거라 지레짐작하고 그만두지 말자.
시도해보지도 않고 미리부터 포기하지 말자.
궁금하면 그냥 물어보기라도 하자.
도움이 필요하면 정중하게 도와달라고 부탁하자.
물론 거절당할 수도 있고
그로 인해 좌절감을 맛볼 수도 있다.
하지만 용기를 내서 그냥 물어보기만 해도
우리는 기대보다 훨씬 더 많이
"물론이죠!"라는 답을 듣게 된다.
요청하는 행위 자체가 알라딘의 요술램프처럼
원하는 것을 얻게 해주는 효과가 있는데, 이를
알라딘 효과(Aladdin Effect)라고 한다.

도움을 받으려면 무엇보다 상대방이 우리를 돕고 싶은 마음이 들게 해야 한다.
그러려면 다음 세 가지를 유념해야 한다.

첫째, 이유를 제공해야 한다.

알베르 카뮈가 말했듯이 인간은 이유 없이 행동하지 않는 존재다. 이유도 설명하지 않고 부탁만 하는 사람을 선뜻 도와줄 사람은 없다.

둘째, 겸손하고 정중한 자세로 요청해야 한다.

성의 없고 정중하지 못한 사람에게 도움을 줄 사람은 없다.

셋째, 도움을 받았으면 피드백을 제공하고 보답해야 한다.

어떤 관계든 한쪽만 이득을 보는 일방적인 관계는 오래 지속될 수 없으며, 피드백도 주지 않고 보답할 줄도 모르는 이에게 다시 도움을 주고 싶은 사람은 없다.

> 그저 묻기만 하면 된다. 당신이 기대하는 것보다
> 자주 듣게 될 대답은 "물론이죠!"일 것이다.
> _ 랜디 포시

죽음을 앞두고 행한 마지막 강의(랜디 포시의 책 제목도 《마지막 강의》)로 전 세계 수천만 명을 감동시킨 랜디 포시 교수는 돌아가신 아버지와 마지막으로 했던 디즈니월드 여행을 회고하면서, 원하는 것이 있으면 용기를 내서 요청하라고 말한다.

"네 살짜리 아들이 모노레일의 머리 부분에 운전사와 함께 앉고 싶어 했습니다. 스릴을 좋아하는 아버지도 그러고 싶어 하셨지만 일반 관객은 그곳에 앉지 못한다는 것을 알고 단념하셨습니다. 그때 제가 안내원에게 물었습니다. '실례합니다. 우리 세 명이 첫 번째 칸에 앉을 수 있도록 부탁 좀 드려도 될까요?' 그러자 안내원이 말했습니다. '물론입니다, 손님!'"

그리고 인생의 멘토를 만나게 된 사연도 소개했다.

20대 후반에 꼭 한 번 만나고 싶은 세계적인 컴퓨터 과학자에게 이메일을 보낸 적이 있었다.
"만약 제가 버지니아에서 노스캐롤라이나까지 운전을 해서 가면, 30분 정도만 제게 시간을 내어주실 수 있을까요?"
그는 답장을 보내왔다.
"자네가 운전해서 여기까지 온다면, 나는 30분 이상의 시간이라도 내겠네."
그는 나에게 한 시간 반을 할애했고 그날 이후 내 인생의 멘토가 되었다.

 그동안 용기가 없어서 요청하지 못한 일, 이제 용기를 내서 정중하게 부탁해볼 작은 일 한 가지는 무엇인가?

나쁜 기억이 발목 잡지 않게

화가 나거나 기분 나쁜 일이 있으면
그때그때 표현하고 풀어라. 오래 끌지 마라.
곱씹고 곱씹다 보면
점점 부풀려져서 **눈덩이 효과**(Snowballing Effect)가 나타난다.
자신의 실수가 되었건, 타인의 잘못이 되었건,
과거가 현재와 미래의 발목을 붙잡지 않게 하라.
나쁜 기억을 오래 간직할 때
최대 피해자는 우리 자신이다.
왜냐하면 우리의 인생은 그 시간만큼
나쁜 생각으로 가득 채워지기 때문이다.

미식축구의 영웅 오토 그레이엄에게 훌륭한 패스 리시버가 되기
위해 필요한 가장 중요한 자질을 묻자, 그는 이렇게 대답했다.
"아주 짧은 기억력입니다."
방금 전 실수를 곧바로 잊고 다시 집중할 수 있는 능력은 공을
차는 기술 못지않게 중요하다.

우리의 삶도 마찬가지다.

'10년 전 8월, 그 애가 나한테 '뚱녀'라고 했던 말, 나는 지금도 생생하게 기억해.'

불행한 사람들은 나쁜 일을 좀처럼 잊지 못한다.

곱씹고 곱씹어 눈덩이처럼 부풀린다.

과거의 고통이나 불쾌한 일을 잊어버리는 것, 특히 다른 사람(자녀, 배우자, 부모…)의 잘못을 '망각하는 기술'은 그 사람을
'사랑하는 기술'보다 훨씬 더 중요하다.

지금 남부럽지 않게 살고 있더라도 과거의 고통만 생각하는
사람은 불행해지기 쉽다. 또 고통 속에서 예전의 행복했던
기억만 떠올리는 사람 역시 행복할 수 없다.

> 행복의 열쇠 중 하나는
> 어두운 과거를 잊어버리는 나쁜 기억력이다.
> _리타 메이 브라운

멕시코의 여성 화가 프리다 칼로(Frida Kahlo)는 여섯 살에 소아마비를 앓고 열여덟 살에는 그녀가 탄 버스가 전차와 충돌하는
사고를 당했다. 척추와 자궁 등 온몸이 부서지고 평생 30여 차례

나 수술을 받았다. 하지만 좌절하지 않았다. 눕거나 보정기구를 착용한 채 휠체어에 앉아 그림을 다시 그리기 시작했다.

훗날 그녀의 그림은 멕시코의 보물로 지정되었다. 그녀가 결혼을 앞두고 아버지에게 물었다.

프리다: 아빠, 행복한 결혼생활을 유지하는 데 가장 중요한 조건이 뭐라고 생각하세요?

아버지: 그야 짧은 기억력이지.

프리다: 아빠는 왜 결혼하셨어요?

아버지: 글쎄, 기억이 안 나는데….

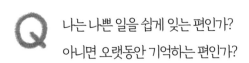

나는 나쁜 일을 쉽게 잊는 편인가?
아니면 오랫동안 기억하는 편인가?

서두르지도 말고, 멈추지도 말고

휘둘리지 마라.

목표가 있는 사람은 휘둘리지 않는다.

비교하지 마라.

자기만의 길을 가는 사람은 비교하지 않는다.

서두르지 마라.

길게 내다보는 사람은

서두르지 않는다.

저 사람이 어떻게 저런 일을?

때로는 아무것도 아니라고 생각했던 사람들이, 아무도 생각할 수

없는 일을 해낸다. 그들에겐 공통점이 있다. 남이 뭐라 하든

꾸준하게 자기만의 길을 걸었다는 것이다.

다른 사람들의 말에 귀를 기울이되 휘둘리지는 마라.

앞서간 사람들을 보고 배우되 스스로 비하하지 마라.

뿌리 깊은 나무는 바람에 흔들리지 않고 목표가 명확한 사람은

남들과 비교하지 않는다. 꾸준하게 행하되 서두르지 마라.
세상에 꾸준함보다 더 나은 재능은 없다.

날아다니는 새는 벽을 뚫지 못한다.
소리 없는 벌레가 벽을 뚫는다.
내달리는 말은 10리밖에 못 가지만(馬步十里),
뚜벅뚜벅 걷는 소는 만 리를 간다(牛步萬里).
소리 없는 벌레처럼! 뚜벅뚜벅 걷는 소처럼!
Sin Prisa! Sin Pausa!
(서두르지도 말고! 멈추지도 말고!)

참으로 위대한 일은 모두 느릿느릿,
눈에 띄지 않는 성장에 의해서 이루어진다.
_류시 말로리

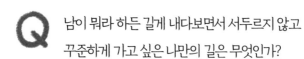

남이 뭐라 하든 갈게 내다보면서 서두르지 않고
꾸준하게 가고 싶은 나만의 길은 무엇인가?

⊕ 달팽이야, 그래봤자 시간 낭비야!

정월의
어느 추운 날 아침
달팽이가
벚나무의 얼어붙은 줄기를
기어오르기 시작했다.
그가 천천히
나무를 기어 올라가고 있는데
딱정벌레가
갈라진 나뭇가지 틈에서 고개를 내밀고 말했다.
"이봐, 그래봤자 시간 낭비야,
아무리 올라가도 버찌는 아직 없어."
그러나 달팽이는 태연히 계속 올라가면서 말했다.
"내가 위에 가 닿을 즈음에는 버찌가 있어."

_ 지나 서미나라

인생을 향유하는 사람들이 알고 실천하는 것 10가지

1. 소유보다 주어진 것을 음미하고 누리는 것을 더 중시한다.

2. 감동하면서 하루를 시작하고 감사한 마음으로 잠자리에 든다.

3. 가끔 삶의 유한성을 떠올리며 순간순간을 깊이 음미한다.

4. 잘 아는 사람뿐 아니라 낯선 사람과의 인연도 소중하게 여긴다.

5. 아직 갖지 못한 것보다 이미 갖고 있는 것에 초점을 맞춘다.

6. 바꿀 수 없는 것은 받아들이고 바꿀 수 있는 것에 매진한다.

7. 앞만 보고 달리지 않고 때로 멈추어 생각할 시간을 갖는다.

8. 모든 것은 지나가고, 지나고 나면 모두 사소하다는 것을 안다.

9. 어쩔 수 없는 일을 걱정하기보다 할 수 있는 일을 실천한다.

10. 돌이킬 수 없는 과거는 곱씹지 않고 흘려보낼 줄 안다.

어느 날 아침에 일어나 보니…

세상의 모든 부모가 다 그렇듯 나는 내 딸이 앞으로 살아가면서 자기 자신을 사랑하고, 주변 사람들과 잘 어울리면서, 무슨 일을 하건 그 일에 의미를 부여하고, 자기가 하는 일을 놀이처럼 즐겁게 하면서 행복하게 살기 바란다. 그러면서 자기가 하는 일을 통해 세상에 선한 영향력을 끼치는 삶을 살아주면 좋겠다.

이야기를 글로 정리하면서 내 딸뿐 아니라 아들과 며느리 그리고 누군가의 자식이며 배우자이고 부모가 될 사랑하는 내 학생들과 그동안 애정을 갖고 내 책을 읽어준 독자 여러분께도 이 얘기들을 들려주고 싶어졌다.

하루 한 가지라도 잠시 멈추고 생각할 시간을 가져보라. 그리고 자극과 반응 사이 공간에서 생각할 시간을 가져보라. 이런 기분이 들고, 이렇게 행동하고 싶은 것은 그 일을 어떻게 생각하기 때문일까? 지금 내가 이 생각을 선택하면 어떤 일이 일어날까? 그리고 그 일은 어디로 이어질까?

오늘도, 내일도, 모레도… 이런 작은 시도를 날마다 하다 보면, 우리 모두는 "어느 날 아침에 일어나 보니 내가 유명해져 있었다."라고 말한 시인 바이런처럼 이렇게 중얼거리게 될 것이다. "어느 날 아침에 일어났더니 내가 완전히 다른 사람이 되어 있구나!"

책 읽기를 마친 여러분 모두 이 책을 통해 이전보다 자신을 더 소중하게 여기고, 주변 사람들과 더 행복한 관계를 유지하면서 더 의미 있는 존재로서 여러분의 삶을 향유할 수 있게 되기를 소망한다.

저자 이민규

> 나는 책꽂이에서 책 한 권을 꺼내 읽었다.
> 그리고 그 책을 다시 책꽂이에 꽂았다.
> 하지만 그때의 나는 이미 조금 전의 내가 아니었다.
> _앙드레 지드

사랑하는 내 딸에게.

항상 어리다고만 생각했는데 벌써 어른이 되어 새로운 가정을 꾸리게 되었구나. 너희들의 결혼, 진심으로 축하한다. 결혼을 앞둔 너에게 해주고 싶은 이야기를 엮어 만든 이 책이 행복한 가정을 꾸리고 의미 있는 삶을 살아가는 데 도움이 되었으면 좋겠다. 아빠는 네 곁에 있을 때나 없을 때나, 이 세상에 있거나 저세상에 있거나 항상 너를 지켜주고 응원할 것이다.

그러니 아빠가 옆에 있을 때는 곁에 없다고 생각하고, 아빠가 옆에 없을 때는 곁에 있다고 생각해라. 아빠의 마음을 잘 표현해준 미국 시인 잭 로거우의 시, <스케이팅 레슨>에 이런 구절이 있다.

[오늘은 딸이 내 곁에서 혼자서도 스케이트를 잘 탄다. 내 손도 잡지 않고 조심스럽게 첫발을 내밀면서 딸은 혼자 탈 수 있는 방법에 대해 이렇게 말한다. "아빠가 옆에 있을 때는 곁에 없다고 생각하고, 아빠가 옆에 없을 때는 곁에 있다고 생각하지."]

다시 한번 결혼 축하해!

2021. 3. 21. 아빠가

행복과 성공을 위한 79가지 질문

질문하는 자는 답을 피할 수 없다.

_카메룬 속담

1. 자기를 사랑하기 위한 26가지 질문

01 왜 나를 먼저 사랑해야 할까?

내가 나를 사랑하고, 내가 행복해야 다른 사람을 진정으로 사랑하고 행복하게 해줄 수 있다. _산소마스크 법칙 → 19p

02 귀한 것부터 써야 하는 까닭은?

물건이든 말이든 귀하고 좋은 것, 너무 아끼지 말고 지금 쓰고, 지금 하자. 아끼고 아끼다 X 된다. _석인성시(惜吝成屎) → 22p

03 남의 눈치를 너무 많이 본다면?

남의 눈치 너무 보지 말고 하고 싶은 대로 하자. 사람들은 생각처럼 우리에게 관심이 없다. 우리가 다른 사람에게 그런 것처럼. _스포트라이트 효과(Spotlight Effect) → 25p

04 자신을 너무 다그치는 경향이 있다면?

'그 정도밖에 못해?' 하면서 너무 채찍질하지 마라. 자신에게도 타인에게도 '그만하면 잘했어!'라는 말만큼 힘과 용기를 주는 말은 없다. _Good Job! → 29p

05 완벽추구 성향 때문에 피곤하다면?

평화로운 마음을 유지하면서 지치지 않는 힘으로 끝까지 가려면 기준을 조금 낮추고 대충 넘어갈 줄도 알아야 한다. _페르시아의 흠 (Persian Flaw) → 32p

06 누군가의 격려가 필요할 때는?

죽을 때까지 내 곁에서 나를 지켜줄 수 있는 유일한 사람은 바로 나 자신이며, 내 영혼은 다른 사람이 아닌 나 자신의 위로와 격려를 받을 때 가장 큰 힘을 얻는다. _자기격려(Self Encourage) → 35p

07 속으로 투덜거리는 버릇이 있다면?

나 자신과 주고받는 대화가 내 운명을 조종한다. 운명을 바꾸고 싶다면 자기 자신과 주고받는 내면의 대화를 바꿔야 한다. _혼잣말 (Self-Talk)의 힘 → 38p

08 흥분하지 않고 평온한 태도를 유지하고 싶다면?

감정에 휘둘리지 않고 침착하고 평온한 태도를 유지하고 싶다면 가끔 벽에 붙은 파리의 시선으로 자신을 객관화시켜 바라보라. _자기 거리 두기(Self-distancing) → 42p

09 일희일비하지 않고 느긋한 마음을 가지려면?

어떤 일 때문에 견딜 수 없이 화가 나거나 실망스럽고 슬플 때는 잠깐 멈추고 10년 후를 생각하라. 그리고 그때도 지금처럼 심각하게 느껴질지 자문하라. _시간적 거리 두기 → 45p

10 상실과 이별의 슬픔에서 벗어나고 싶다면?

우리가 소유한 모든 것은 원래 없던 것이다. 상실로 인한 괴로움에서 벗어나려면 모든 것은 우리 곁에 잠시만 머문다는 사실을 받아들여야 한다. _원래대로 돌아갔다 → 48p

11 과거와 환경의 영향을 극복하고 싶다면?

걸림돌을 디딤돌로 바꾸고 과거, 다른 사람, 환경, 운명의 지배로부터 벗어나 새로운 삶을 살고 싶다면 '그래서'를 '그럼에도 불구하고'로 바꿔야 한다. _그럼에도 불구하고(in spite of) → 51p

12 한계를 뛰어넘어 더 크게 성장하고 싶다면?

자신과 타인의 가능성을 찾아내고, 남들이 포기하는 일도 끝까지 도전하고 싶다면 재능과 자질은 타고난다는 고정형 마인드셋에서 벗어나야 한다. _성장형 마인드셋(Growth Mindset) → 54p

13 심각한 문제를 가볍게 해결하는 비결은?

심각하게 생각하면 아무것도 아닌 일도 문제가 되고, 가볍고 해학적으로 생각하면 아무리 심각한 문제도 아무것도 아닌 일이 된다. _유머와 해학 → 57p

14 현재 상태로 더 큰 행복을 누리려면?

불평, 불만, 불행감은 플러스 가정법(만약 ~ 이 있다면)으로 만들어지고, 감사, 만족, 행복감은 마이너스 가정법(만약 ~이 없다면)으로 만들어진다. _마이너스 가정법 → 60p

15 원치 않는 생각에서 벗어나는 최선의 방법은?

생각은 제거되는 것이 아니다. 대체될 뿐이다. 부정적인 생각으로 괴롭다면 그냥 긍정적인 생각을 떠올리면 된다. _대체의 원리(Principle of Replacement) → 63p

16 기분이 좋아지는 가장 쉬운 방법은?

기분이 처지고 울적한가? 무력감에서 벗어나고 기분이 좋아지게 만드는 가장 경이로운 방법은 누군가를 위해 작은 친절을 베푸는 것이다. _헬퍼스 하이(Helper's High) → 66p

17 해야 하는 일을 하고 싶은 일로 만들려면?

하는 일을 좋아하고 즐기는 가장 효과적인 방법은 그 일을 할 때 반쯤 미소를 짓는 것이다. _정서의 말초설(Peripheral Theory of Emotion) → 69p

18 나와 다른 사람이 함께 행복하려면?

내가 행복하려면 행복한 사람들과 어울려야 하고 다른 사람을 행복하게 해주려면 내가 행복해야 한다. _감정전염(Emotional Contagion) 현상 → 72p

19 가장 멋지고 품위 있게 복수하려면?

나를 무시하는 사람들에 대한 가장 우아한 복수는 그들이 "너는 안 돼!"라고 했던 일을 멋지게 해내서 그들의 생각이 틀렸음을 증명해 보이는 것이다. _우아한 복수 → 75p

20 뒷담화 버릇을 끊고, 예쁜 마음을 갖고 싶다면?

누군가를 험담하거나 미워하면 나쁜 기운이 내 안으로 스며들어 내 마음이 미워진다. 자존감이 높은 사람은 뒷담화의 유혹에 휘말리지 않는다. _부메랑 효과(Boomerang Effect) → 78p

21 호감을 사면서 더 유식해지려면?

모르면 모른다고 말하고, 때로는 나보다 어린 사람에게도 가르침을 요청하자. 자존감이 높은 사람은 아랫사람에게도 가르침을 요청한다. _불치하문(不恥下問) → 81p

22 부당한 요청을 지혜롭게 거절하는 비결은?

상대의 마음이 상할 것 같아 거절할 수 없었다고 말하지만 깊이 들여다보면 상대에 대한 '배려'보다 거절할 '용기'가 없어서인 경우가 더 많다. _'No!'라고 말할 권리 → 84p

23 잔소리가 고통이 안 되게 하려면?

최고의 잔소리 대처법은 첫째, 말하고 싶은 사람의 자유를 존중해준다. 둘째, 들을지 말지 취사선택은 내 자유라고 생각한다. _통제감의 효과(Controllability Effect) → 87p

24 남들과 비교하면서 힘들다면?

자신을 남과 비교하지 마라. 그것은 자신을 모욕하는 행위다. 주어진 상황에서 나름대로 최선을 다하고 있는 우리 모두는 영웅이다. _자기존중 → 90p

25 지치지 않는 힘으로 끝까지 해내려면?

주기적으로 하던 일을 멈추고 휴식을 취하고 운동을 하라. 10분의 휴식, 5분의 산책과 1분의 스트레칭이 삶의 질을 바꾼다. _망중투한(忙中偸閑) → 93p

26 지금까지와 다른 내가 되는 가장 간단한 방법은?

자기 자신에 대한 믿음이 바뀌면 그 새로운 정체성(identity)에 따라 태도와 행동이 자동으로 바뀌게 된다. 다른 삶을 원한다면 자기 자신을 이전과 다르게 규정하면 된다. _자기규정 효과 → 97p

2 더불어 살아가기 위한 27가지 질문

01 오해를 줄이고 아량을 넓히고 싶다면?

인간관계에서 일어나는 가장 치명적인 문제는 지레짐작과 예단이다. 상대의 마음을 지레짐작하면서 독심술사처럼 다 안다고 착각하지 마라. _독심술(Mind-Reading)의 오류 → 103p

02 편견을 없애고 두루 잘 지내고 싶다면?

인간관계에서 편견과 갈등을 줄이고 좋은 관계를 유지하기 위해서는 무엇보다 먼저 머릿속에서 '다른 것=나쁜 것'이라는 공식을 삭제해야 한다. _차이수용의 덕 → 106p

03 설득력을 높이고 끌리는 사람이 되는 비결은?

다른 사람과 좋은 관계를 유지하면서 설득력이 남다른 사람은 상대방이 자극받기 싫어하는 민감한 부분을 헤아릴 줄 알고 그것을 건드리지 않는다. _역린지화(逆鱗之禍) → 109p

04 좋은 관계를 유지하면서 상대를 변화시키고 싶다면?

상대가 문제를 일으키거나 잘못을 숨기고 싶어 할 때, 마음의 평화를 유지하면서 상대를 변화시키는 가장 좋은 방법은 알면서도 모르는 척 넘어가는 것이다. _지이부지(知而不知)의 지혜 → 112p

05 오래 좋은 관계로 지내고 싶다면?

너무 멀리하면 남이 되기 쉽다. 너무 가까이하면 상처를 주기 쉽다. 누구하고든 좋은 관계를 오래 유지하고 싶다면 적당한 거리를 유지해야 한다. _적당한 거리유지 → 115p

06 잘해주는데도 사람들이 떠나간다면?

좋은 관계를 오랫동안 유지하려면 상대방이 좋아하는 일(말)을 해주는 것보다 싫어하는 일(말)을 하지 않는 것이 더 중요하다. _부정성 효과(Negativity Effect) → 118p

07 자신을 불행하게, 남을 화나게 하는 그것은?

자신을 불행하게 만들고 싶다면 더 나은 사람과 자신을 비교하라. 남을 화나게 만들고, 미움을 받고 싶다면 수시로 그를 더 나은 사람과 비교하라. _비교의 함정(Comparison Trap) → 121p

08 상대방을 좋은 쪽으로 바꾸고 싶다면?

사랑스럽게 대하면 사랑스러운 사람이 된다. 잘할 수 있다고 진심으로 믿어주면 언젠가 잘하게 된다. _피그말리온 효과(Pygmalion Effect) → 124p

09 마음에 들지 않은 사람, 마음에 들게 만들려면?

미리 당겨서 칭찬하고 사랑스럽게 대하다 보면 그는 칭찬받을 일을 하게 되고 사랑스러운 모습으로 변하게 된다. _가불칭찬 효과 → 127p

10 나를 좋아하고 내 말을 잘 듣게 하고 싶다면?

누군가를 변화시키는 최고의 방법은 그를 진심으로 좋아하는 것이다. 사람은 자기를 좋아하는 사람을 좋아하고, 좋아하면 무슨 말이든 듣기 때문이다. _감정전이(Transfer of Affect) 현상 → 130p

11 어떤 사람과 가까워지는 가장 쉬운 방법은?

사람은 자기가 좋아하는 것을 좋아하는 사람을 좋아하고, 자기가 좋아하는 것을 싫어하는 사람을 싫어한다. _확장된 자기개념(Extended Self-Concept) → 134p

12 호감을 살 수 있는 최고의 대화기법은?

좋은 관계를 원한다면, 1분 동안 말을 했다면, 2분 이상 상대방의 말을 귀 기울여 듣고, 적어도 세 번은 진심을 담아 공감하는 리액션을 하라. _대화의 1:2:3 법칙 → 137p

13 누구나 친해지고 싶은 사람이 되고 싶다면?

사람들은 잘난 체하거나 완벽한 사람보다 가끔 실수하거나 허점을 보이면서 겸손한 태도를 가진 사람을 더 좋아한다. _실수 효과(Pratfall Effect) → 140p

14 상대를 기쁘게 하는 의외의 비결은?

남에게 호의를 베풀면서 기쁘고 행복한 적이 있다면 다른 사람에게도 그런 기회를 허용해야 한다. _받는 보시 → 143p

15 불쾌한 사람들과도 잘 지내고 싶다면?

자신이나 타인에 대한 인상과 태도를 바꾸는 가장 효과적인 방법은 그 사람을 묘사하는 부정적인 단어를 긍정적인 단어로 바꾸는 것이다. _생각 뒤집기 기법(Mind Flip Technique) → 146p

16 사랑 표현이 쑥스럽고 어색하다면?

좋은 울려야 종이고, 사랑은 표현해야 사랑이다. 표현되지 않은 선의는 선의가 아니다. 좋은 생각은 가슴속에만 담아놓지 말고, 지금 표현하라. _표현해야 사랑이다 → 149p

17 관계를 회복할 수 있는 가장 좋은 방법은?

관계 회복에는 먼저 손을 내미는 용기가 필요하다. 용기란 겁이

없는 것이 아니라 두려움에도 불구하고 행동하는 것이다. _고마워! 사랑해! 미안해! → 151p

18 행복한 결혼생활의 비결은?

'미안하다'는 말은 세 가지 메시지를 동시에 전달한다. 첫째, 제 탓입니다. 둘째, 나는 당신을 존중합니다. 셋째, 나는 당신과의 관계를 소중하게 생각합니다. _마법의 단어, Sorry → 154p

19 가까워지기 어려운 상대가 있다면?

도저히 넘어갈 것 같지 않은 사람도 임계점을 넘기기만 하면 어느 순간 내 편이 된다. 그리고 전폭적인 지원자가 된다. _임계점 (Critical Point) 넘어서기 → 157p

20 누군가를 감동시키는 간단한 방법은?

누군가를 감동시키는 것은 의외로 간단하다. 해야 할 일을 한 다음, 상대의 기대를 넘어 아주 작은 것을 추가로 제공하면 된다. _기대치 위반 이론(Expectancy Violation Theory) → 160p

21 기분 좋게, 제대로 칭찬하려면?

사람들은 실제로는 10개의 일만 했으면서도 15개의 일을 했다고 생각한다. 그래서 웬만한 칭찬은 성에 차지 않는다. 그러니 칭찬

은 조금 넘치게 하자. _자기중심적 편파(Egocentric Bias) → 163p

22 좋은 관계를 오래 이어가려면?

애정 어린 문자나 전화 한 통화로 우리는 얼마든지 베푸는 사람이 될 수 있고, 소중한 인연을 이어나갈 수 있다. _용건 없는 안부연락 → 166p

23 가족을 더 사랑스럽게 여기려면?

가족은 가장 귀한 손님이다. 아이가 엉망인 성적표를 받아왔다면, 만약 그 아이가 다시 못 볼 귀한 손님이라면 어떻게 대할지를 생각해보라. _What If(만약~이라면) 기법 → 169p

24 부모님과 더 좋은 관계로 발전시키려면?

자식들이 부모에게 가장 듣고 싶은 말은 '잘했다'는 칭찬이다. 그럼 부모가 자녀에게 가장 듣고 싶은 말은 무엇일까? 역시 칭찬이다. _역지사지(易地思之) → 172p

25 세대갈등을 줄이는 가장 간단한 방법은?

아이들 나무라지 말고 어른들 비웃지 말자. 아이들(아랫사람)에겐 자비지심으로 조금 너그럽게, 어른들(윗사람)은 측은지심으로 조금만 더 안쓰럽게 바라보자. _지나온 길, 가야 할 길 → 175p

26 더 의미 있는 존재가 되고 싶다면?

우리는 같은 공간에서 숨을 쉬는 것만으로도 누군가에게 영향을 미친다. 나는 사람들에게 어떤 의미의 존재이고 다른 사람들에게 무엇으로 선한 영향력을 미치는가? _존재의미 → 179p

27 다시 연락하고 싶은 사람이 되려면?

성공한 기업과 행복한 사람은 일 처리의 마무리와 위기 상황에서 보이는 태도가 다르다. 끝은 또 다른 시작이고, 끝이 좋아야 시작이 빛난다. _끝인상 관리 → 182p

3. 인생을 향유하기 위한 26가지 질문

01 이해할 수 없는 상황, 평화롭게 대처하려면?

짜증나는 일을 겪거나 이해하기 힘든 행동을 하는 사람을 만날 때 이렇게 중얼거리다 보면 신기하게도 화가 누그러지면서 마음이 평화로워진다. _사연이 있겠지 → 189p

02 주어진 것 누리면서 더 행복하고 싶다면?

행복한 사람은 현재에 감동하고 감사하면서 그런 자신의 모습을 좋아한다. 행복의 깊이는 소유의 크기가 아니라 가진 것을 누리

는 정도에 의해 결정된다. _향유하기 → 192p

03 일일이 반응하지 않으면서 느긋하려면?
못마땅한 일을 겪고도 느긋한 상태를 유지하려면 싫은 것의 존재 권리를 받아들이는 연습이 필요하다. 평화로운 삶을 위해 조금은 둔감해져야 한다. _그저 그러려니 → 196p

04 부정적인 생각을 그만두고 싶다면?
부정적인 생각을 멈추고 싶다면 긍정적인 생각을 더 자주 하면 된다. 자주 다니다 보면 길이 만들어지듯이 생각도 자꾸 하다 보면 길이 난다. _생각의 관성(Inertia of Thinking) → 199p

05 행복한 가정은 뭐가 다른가?
부정적인 감정을 멀리하고 누그러뜨리고 삶을 향유할 수 있는 가장 효과적인 방법은 당연하게 여겼던 일상 속에서 고마움을 느끼는 것이다. _감사의 부정성 제지 효과(Inhibition Effect of Negativity) → 202p

06 더 풍요로운 삶을 살고 싶다면?
함부로 대하면 아무리 친한 사람도 떠나고, 소중하게 대하면 떠났던 사람도 되돌아온다. 개나 고양이도 그렇고 재물도 그렇다. _

소중하게 대하기 → 207p

07 설레고 감동적인 삶을 원한다면?
반색하다 보면 반가워지고 감탄하다 보면 감동적인 일이 생기고
설레다 보면 좋아진다. 반색하고 감동하는 것도 연습해야 하는
일종의 기술이다. _밖에서 안으로(outside to inside)의 원리 → 210p

08 하루하루를 행복하게 만들고 싶다면?
이전과 다른 생각으로 아침을 시작하고, 다른 마음가짐으로 잠자
리에 들자. 잠들기 전 5분과 잠에서 깬 후 5분이 인생을 바꾼다. _
하루 10분의 법칙 → 213p

09 좀 더 고상한 일을 원한다면?
어디서 무슨 일을 하건 고상한 일을 하고 싶다면 고상하지 않은
일을 고상한 태도로 해야 한다. 우리의 삶은 하는 일이 아니라 일
에 대한 태도에 따라 결정된다. _인생은 태도다 → 216p

10 일상적 만남을 기적 같은 만남으로 바꾸려면?
순간순간을 소중하게 여길 수 있는 가장 효과적인 방법은 그 기
회를 누릴 수 있는 횟수는 유한하며 점점 줄어든다는 사실을 확인
하는 것이다. _날 수 세는 지혜(Wisdom To Number Our Days) → 219p

11 소중한 인연을 더 많이 만들고 싶다면?

기회는 언제나 사람과 함께 온다. 낯선 사람, 함부로 대하지 마라. 그는 기회를 숨기고 오는 변장한 천사일지 모른다. _약한 관계 효과 (Weak Link Effect) → 222p

12 기계적인 일을 생산적인 일로 만들려면?

빨래, 청소, 노동도 '운동'으로 생각하면 운동 효과를 만들어낸다. 하지만 어쩔 수 없이 해야 하는 일이라고 생각하면 피곤하고 지겨운 '노동'이 된다. _긍정적 의미부여 → 226p

13 스트레스로 힘을 얻는 방법은?

똑같은 스트레스를 받고도 스트레스가 나쁘다고 생각한 사람에겐 독이 되고 스트레스가 긍정적으로 작용한다고 믿는 사람에겐 활력소로 작용해 생산성도 높아진다. _유익한 스트레스(Eustress) → 229p

14 나쁜 일을 기회로 만들고 싶다면

낙관적인 사람은 나쁜 일 속에서도 좋은 신호를 찾아낸다. 피해의식은 우울, 불안, 불행을 부르고, 역피해의식은 기쁨, 희망, 행복을 부른다. _역피해의식(Inverse Paranoid Thinking) → 232p

15 더 풍요롭고 더 만족스러운 삶을 살고 싶다면?

행복하고 성공적인 삶을 원한다면 '아직 갖지 못한 것'에서 '이미
가진 것'으로 초점을 돌리고 그걸 누리고 활용할 줄 알아야 한다.
_초점바꾸기(Changing Focus) → 235p

16 섭섭한 마음을 줄이고 너그러워지려면?

베풀어도 당장 보답을 받지 못할 때가 많다. 그렇다고 너무 실망
하지 말자. 씨앗 10개를 뿌렸다고 해서 열 그루에서 모두 수확할
수는 없다. _씨앗의 법칙 → 238p

17 위기와 고난을 터닝포인트로 만들려면?

나쁜 일을 겪었을 때 그 경험을 긍정적으로 승화시키는 가장 효
과적인 방법은, 그 속에 숨어 있는 좋은 의미를 찾아내는 것이다.
_긍정적 재해석(Positive Reinterpretation) → 241p

18 원망을 감사로 바꿔주는 간단한 방법은?

'때문에'를 '덕분에'로 바꾸면 인생이 달라진다. 네가 늦게 왔기
때문에… (짜증 나잖아) 네가 늦게 온 덕분에…. (책 한 권을 다 읽
었다) _때문에 vs. 덕분에 → 244p

19 작은 것으로 큰 변화를 일으키고 싶다면?

많은 사람들이 바꿀 수 없는 것에 집착하면서 인생을 낭비한다. 하지만 어떤 사람들은 바꿀 수 있는 일에 초점을 맞추면서 아름다운 인생을 만들어간다. _행불행의 10% : 90% 법칙 → 247p

20 노후에 인생을 후회하는 사람들의 공통점은?

노후에 인생을 후회하는 사람들을 만나보면 한 가지 공통점이 있다. 그냥 앞만 보고 열심히 살았다는 것이다. 멈추고 생각할 시간을 갖지 않았다는 것이다. _stop & think! → 250p

21 후회를 줄이는 가장 쉬운 방법은?

불쾌한 감정을 떨쳐버리고 조금 더 너그러워질 수 있는 가장 좋은 방법은 거리를 두고 길게 보면서 '모든 것은 지나간다'는 사실을 받아들이는 것이다. _모든 것은 지나간다(Everything Pass) → 254p

22 더 많은 사람을 내 편으로 만들고 싶다면?

인간은 근본적으로 선하다고 믿으면서 친절하게 대하다 보면 나를 못마땅하게 여기던 상대방의 행동도 점차 호의적으로 바뀌게 된다. _자기충족적 예언(Self-Fulfilling Prophecy) → 257p

23 걱정이 많아서 고민이라면?

걱정의 30%는 이미 일어난 일에 대한 것이다. 걱정의 22%는 사소한 고민이다. 걱정의 4%는 우리 힘으로는 어쩔 도리가 없는 일에 대한 것이다. _걱정도 팔자(Don't Worry!) → 260p

24 도움이 필요한데도 주저하게 된다면?

시도해보지도 않고 미리 포기하지 말자. 궁금하면 그냥 물어보기라도 하자. 용기를 내서 그냥 물어보기만 해도 우리는 기대보다 더 많이 "물론이죠!"라는 답을 듣게 된다. _알라딘 효과(Aladdin Effect) → 263p

25 나쁜 일을 두고두고 곱씹는다면?

지금 남부럽지 않게 살고 있더라도 과거의 고통만 생각하는 사람은 불행해지기 쉽다. 또 고통 속에서 예전의 행복했던 기억만 떠올리는 사람 역시 행복할 수 없다. _짧은 기억력의 힘 → 266p

26 대단한 일을 해내는 사람들의 공통점은?

목표가 있는 사람은 휘둘리지 않는다. 자기만의 길을 가는 사람은 비교하지 않는다. 길게 내다보는 사람은 서두르지 않는다. _지치지 않는 힘 → 269p

그럼에도 불구하고

큰 상처를 입는다.
그래서 사람들은 두고두고 괴로워한다.
그럼에도 불구하고,
누군가는 그것을 통해 성장의 계기를 만들어낸다.

걸림돌에 넘어진다.
그래서 사람들은 포기한다.
그럼에도 불구하고,
누군가는 그것을 디딤돌로 삼아 더 높이 도약한다.

못마땅한 사람을 만난다.
그래서 사람들은 짜증을 낸다.
그럼에도 불구하고,
누군가는 '사연이 있겠지' 하면서 평화롭게 넘긴다.

나쁜 일이 일어난다.
그래서 사람들은 기분이 나빠진다.
그럼에도 불구하고,
누군가는 그 속에 숨어 있는 의미를 찾아낸다.

'그래서'를
'그럼에도'로 바꾸면
딴 세상이 열린다…

_이민규